沖縄・台湾・西アフリカ

消された精神障害者

「私宅監置」の闇を照らす犠牲者の眼差し

編著 原 義和
(フリーTVディレクター)

解説 高橋年男
(公益社団法人沖縄県精神保健福祉会連合会)

高文研

消された精神障害者――「私宅監置」の闇を照らす犠牲者の眼差し

◆――もくじ

装丁＝商業デザインセンター・増田 絵里

◈──はじめに

私宅監置、今に続く孤独と絶望

二〇一六年七月二六日、神奈川県相模原《さがみはら》市で凄惨な事件が起きた。障害者施設「津久井やまゆり園」で、入所者が次々にナイフで刺され、一九人が殺害、二七人が負傷した。

衝撃だったのは、戦後日本の殺人事件で最多という犠牲者の多さだけではない。事件が、日本社会の根幹的な歪みを露わにし、多くの人びとの日常的価値観に疑問を投げかけたためだ。中でも、知的障害者が人里離れた場所でまとまって収容されている現状が、あらためて世に知らされたことは重大だと考える。

殺人事件では、犠牲者は実名報道が通例だが、神奈川県警は匿名で発表した。理由は、「遺族の強い意向」とした。二年以上が経った現在も、名前は公表されていない。

従来であれば、追悼式で一人ひとりの名前が読み上げられ、それぞれの遺影を見ながら哀悼の気持ちが表される。それによって、それぞれの人生を振り返り、奪われた人生の重みを再認識できる。二度と事件を繰り返すまいと誓う大きな契機にもなる。しかし、匿名のため、犠牲者の存在は見えなくされ、あいまいにされ、検証や総括の道筋が妨げられている。むしろ、自らの正当化を主張する被告の存在が目立っている。

それでは、犠牲者は、事件の後に突然のように名前が出せなくなったのだろうか。

重度の障害者が地域で一人暮らしをしようとすると、様々な労苦を強いられる。ヘルパーを利用できる時間数が限られており、必要な時間を役所にかけあっても、難航する。そもそも、借りられる不動産物件が少ない。大家が拒むケースがほとんどだ。介助できる家族がいる場合は、家での同居となるが、家族には限界がある。そのため、施設入所という選択肢が、消去法で残るのだ。施設が山奥にあるのは、町なかに建てようとすると反対されるからだ。

事件は、障害者が地域から排除され、見えなくされているという本質的問題を浮かび上がらせたのである。つまり、犠牲者たちは、施設に入所した時点で、既に〝無名化〟されていたと言える。

本書では、その源流の一つとして、精神障害者の「私宅監置《したくかんち》」を取り上げる。


私宅監置は、自宅の裏座（家の裏側で物置などに使われた場所）や敷地内の小屋などに、精神障害者を閉じ込めた措置のこと。

一九〇〇年に制定された精神病者監護法に基づき、警察や保健所に届け出て行われた。幻覚妄想などの症状でいわゆる〝異常行動〟を取ってしまう人が、強制的に隔離された。主な目的は、治安維持など社会防衛だった。各地で野放しに行われていた隔離を、届出を義務づけ、公的に把握することで、悪質な隔離監禁を防ぐ狙いもあった。

日本社会は、一部の精神障害者を隔離して地域社会の安寧を図ることを、制度として選んでいたのである。私宅監置されていない患者も、「非監置」という枠で届出されていた。いわば私宅監置予備軍であり、いざとなれば監置するということ。届出の内容は、県庁などを通じて内務省に報告された。精神障害者は、国家にマークされ、管理されていたと言える。

精神保健の歴史に詳しい吉川武彦《きっかわたけひこ》さん（一九三五年生まれ—二〇一五年没　元琉球大学教授）は、私宅監置の制度化について、こう語る。

「日本の国民の意思としては、精神障害者にうろうろされるのは嫌なんですよね。偏見と言ってもいい。家族から考えれば、自分の息子が恥ずかしいというところから始まる。社会として見ると、うちの部落の中にそういう人間がいることを見せたくない。小は家庭から、大は国まで、そういう傾向があると考えていい。明治政府だけの問題ではなくて、日本の社会が、そういう法律を求めたという傾向はあったと思います」

◈——はじめに

私宅監置は、極めて劣悪な環境に患者を置いてしまう措置で、自由を奪い、尊厳を傷つける制度だった。家族や地域はこの事実を隠し、社会的に表面化することを避けてきた。

一九一八年、呉秀三《くれしゅうぞう》医学博士が発表した『精神病者私宅監置ノ実況及ビ統計的観察』が、日本で最初の私宅監置の調査記録である。

呉は、全国各地で三六五の監置室、三六一人の私宅監置患者を調査した。そして、「この病を受けたるの不幸のほかに、この邦《くに》に生まれたるの不幸」という有名な言葉を残した。私宅監置は国家の恥であり、早急に廃止して患者を入院治療させるようにと訴えたのだ。

私宅監置が廃止されたのは、それから三〇年以上が経った、敗戦後の一九五〇年のこと。精神衛生法の制定によってである。

しかし、サンフランシスコ講和条約で日本から切り離された沖縄では事情が異なり、私宅監置の制度がそのまま残った。日本本土から遅れること一〇年、一九六〇年に琉球精神衛生法が制定されたが、私宅監置は廃止されなかった。

法律の附則には、こう記された。

「私宅監置をしている者については、精神病院に入院させることができないやむを得ない事情があるときに限り、この立法施行後もなお従前の例によることができる」（琉球精神衛生法）

私宅監置の継続もやむなしというのだ。また、「保護拘束」という形で、新規の私宅監置も可能とされた。二か月を超えてはならなかったが、事実上、無制限だった。実に、日本に施政権が返還される一九七二年（日本復帰）まで、私宅監置を認める法律が沖縄には残ったのだ。

一九六六年、離島も含め、沖縄の二〇地区で精神衛生実態調査が行われ、多くの私宅監置が確認された。調査団長の中川四郎氏（国立精神衛生研究所部長・当時）は、こう総括している。

「かつて呉秀三は、日本の精神障害者が二重の不幸を負っていると嘆いたが、実に沖縄の精神障害者は、沖縄に生まれたという三重の不幸を背負っていると言って過言ではない」

◆――はじめに

岡庭武さんが写した私宅監置の写真のポジフィルムを手にする吉川武彦さん

実態調査では、沖縄の精神障害者の有病率の高さが注目された。日本本土に比べ、約二倍だという。沖縄戦の影響が指摘された。米軍による圧政の影響もあったと思われる。

多数の私宅監置患者を入院させようにも、沖縄では精神病院の病床が絶対的に足りなかった。法律で私宅監置が残されたのは現実的対応だったと吉川武彦さんは振り返っている。

二〇一一年一月、清泉女学院大学（長野県）の学長をしていた吉川武彦さんを訪ねた。私宅監置の現場を、一九六〇年代の沖縄で撮影した生々しい写真があることを私が知ったのは、この時だった。

「こんなもの、世に出せるわけがない」――吉川さんはそう語った。当事者の顔がはっきり写っており、プライバシーの問題で公表できないとのことだった。

撮影したのは、岡庭《おかにわ》武《たけし》さん（一九二六年生まれ）。

一九六四年、米軍統治下の沖縄へ、初めて日本政府が派遣した精神科医である。岡庭さんは、離島など医療が乏しい地域をまわって調査を行い、私宅監置患者を確認、カメラで記録した。そのポジフィルムは、その後、吉川さんに預けられていた。

それらの写真を、引き出しにしまい続けてよいのか……。

私はそう思った。伏せ続けることは、誰かを排除する社会、犠牲を良しとする国家の仕組みを追認することにつながるのではと感じたのだ。監置された当事者は、社会的に意見を述べる機会を与えられず、今日に至っている。制度の検証や総括は、まるで行われていない。

私は、岡庭写真の人物について、関係者の聞き取りを始めた。手がかりは、岡庭さんが残したメモだ。当事者の名前と居住していた地域などが書かれている。多くは高齢であるか、亡くなっており、調査取材はぎりぎりのタイミングだった。

隔離は、〝忌々しい〟と目を背けられてきた過去である。遺族を訪ねると、門前払いされることもあった。遺族にすれば、突然やってきた私によって、何十年も前の家族の秘め事を暴かれるのだ。古傷がいきなり露わにされ、新たな痛みにさらされる。この取材は、そうした多くの痛みに支えられている。

二〇一八年四月、那覇市にある沖縄県立博物館・美術館の県民ギャラリーで、私宅監置に関する

◈――はじめに

写真展「闇から光へ」（沖福連主催）。会場には人だかりが絶えず、６日間で2000人以上の来場者があった

写真展が開催された。沖縄県精神保健福祉会連合会（略称 沖福連）の主催。私は、集めた証言と岡庭写真のデータを大きくパネル化して提供し、展示に全面的に協力した。この写真展で初めて、私宅監置された犠牲者の写真を顔出しで展示、名前を公表した（苗字は公表せず）。

私宅監置の犠牲者は、地域で見えなくされ、排除され、存在を否定されてきた。その彼らにこそ、証人として見える所に出て、存在を示してほしいと願ったからだ。なかったことにされてきたあなたの苦悩を、大切に覚えたい。あなたにこそ、歴史の証人として顔をあげ、名前を出して表舞台に立ってほしい。社会の罪責を告発してほしい。そう考えたのである。

二〇一八年六月六日、ＮＨＫＥテレのハートネットＴＶで、私がディレクターを務め、沖縄の私宅監置について取り上げた。「消された精神障害者」と題し、岡庭写真の一部を公開した。

写真のご本人は既に亡くなっていると思われ、遺族を探し当てることさえ困難だった。つまり、顔出しなどの了承はもらえなかった人がほとんどだ。半世紀以上前の写真とはいえ、本人や遺族の了承を得ずに世に出すことへの批判は覚悟しなければならない。

岡庭写真に写っていて、既に亡くなった人たちは、さらされることを望まないかもしれない。死者にも尊厳がある。その尊厳を傷つけてしまっている可能性を、胸に刻まなければならない。

さて、岡庭メモには出てこないが、私宅監置されていた当事者にお会いすることができた。保健所の内部資料に、そのお名前があった。離島出身のノリ子さん（一九三六年生まれ）だ。資料には、畜舎の並びに瓦葺きの監置小屋があり、監置一二年と記されている。

一九七一年の終わりにその小屋から解放され、金武村《きん》（現在の金武町）の琉球精神病院に入院した（その後、転院）。それ以来、現在まで四七年間、入院生活が続いていた。

コーヒーの時間を楽しみにし、病院の作業療法でハガキに塗り絵をするのを日課とされていた。その時のノリ子さんの定位置は、部屋に入って右奥の隅。壁に向かって座り、鏡を前に置いて髪を丁寧に整える。そして、時には何杯もコーヒーを飲む。その合間に、塗り絵をする。

お会いした印象は、穏やかで、かわいらしいおばあちゃん。でも、とても話ができる様子ではなかった。初対面の私に対する緊張、不安、度《ど》し難《がた》い拒否反応。眉間《みけん》にはしわが刻まれ、他人を寄せつけ

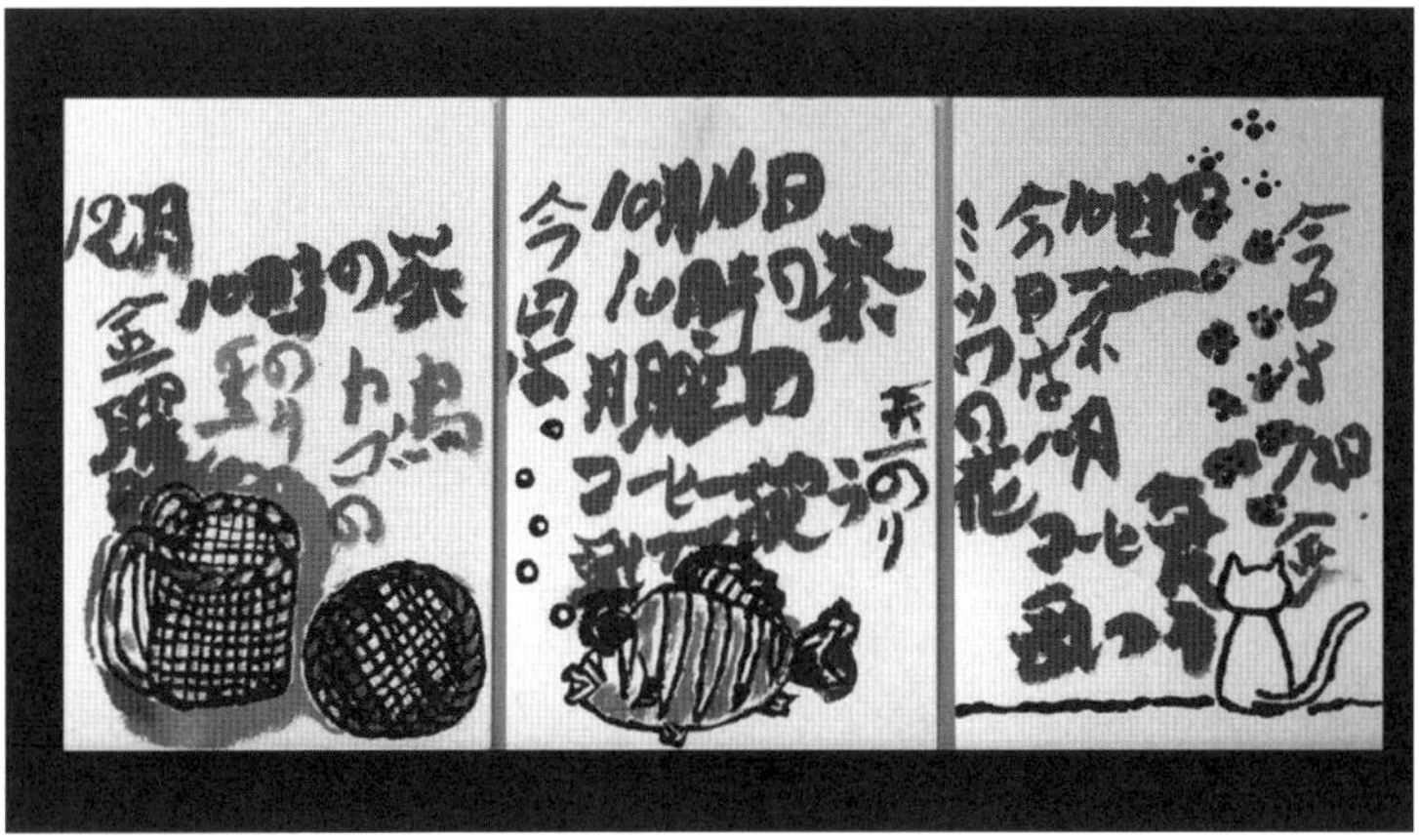

ノリ子さんの100枚ほど残る塗り絵は、いずれも鮮やかな色使いだ。日記のように短いメッセージが添えられている

ない頑なさが滲み出ている。病院長が間に入って会わせてくれたのだが、ノリ子さんは三分も経たないうちに、席を立ってしまわれた。

故郷の島で、弟さんが商売を営んでいる。カメラ取材は断られたが、話を聞くことはできた。

ノリ子さんは中学を出る時、進学したかったが、それが叶わず、親と揉めたという。勉強もできたようだ。しかし、家が貧しかった。やむなく島を出て、家政婦のような仕事をしたが、しばらくして島に戻った。その頃に発病、私宅監置が始まった。

ずっと小屋に閉じ込められていたわけではなく、食事の時、母家にやって来ることもあった。自分のご飯を持って小屋に戻り、食べていたという。通行人に石を投げることがあり、怖がられてもいた。

私は、日を改めて、再びノリ子さんを訪ねた。病棟で一〇年来の付き合いがあるという作業療法士と一緒にお会いした。彼の声かけには、一言二言、応対された。しかし、私の言葉かけには、全く答えてくださらなかった。私宅監置という痛ましい体験が、〝人間不信〟という鎧をまとわせていると思えてならなかった。今なお、隔離の呪縛から解放されていないように、私には見えた。

私宅監置に関して、沖縄県史や市町村史、字誌《あざ》などで記述されたことはない。触れることが避けられ、闇に葬られてきた歴史なのである。

弟さんによれば、ノリ子さんには、姉が亡くなったことを知らせていないという。よく面会に来て面倒を見ていた実姉だった。数年前に亡くなったのだが、「ショックを受けるから伝えていない」という。ノリ子さんは、姉の告別式に参列できなかった。

詳しく聞くと、下の世代の子どもたちには、ノリ子さんの存在を知らせていないことが分かった。つまり、ノリ子さんという老女が親戚にいて、精神病院に入院中であるという事実を、孫の世代の子どもたちは知らないのである。そのため、姉の死をノリ子さんに伝え、告別式に呼ぶことができなかったのだと私は思う。

地縁血縁の強い沖縄で、ノリ子さんは親戚の間でも無名化され、〝いない人〟とされていた。

二〇一七年暮れに大阪の寝屋川市で、二〇一八年四月に兵庫県三田《さんだ》市で、障害者の監禁（致死）事件が発覚した。これらは親による虐待であり、犯罪である。かつて、社会制度として法整備されていた私宅監置とは質的に異なる。しかし、地域で生きる人生を否定され、無名化され、命そのものを傷つけられた犠牲者にとって、両者は変わらない。とんでもない隔離が、今も昔も変わらずにあり続けている。病気で混乱する当事者を、隔離の犠牲にしてはならない。共に手をつないで生きていく仕組みづくりを、徹底的に模索すべきである。

二〇一八年七月二二日、三田市の事件を風化させないために、障害者によるデモが神戸市で行われた。参加した知的障害者団体の兵庫ピープル・ファーストの岸田茂樹さんは、こう語った。

「三田事件は、まだ終わっていないです。これからです。閉じ込められた本人も、自由を取り戻してこそ終えんというか。闘い続けたいと思っています」

監禁されていた本人は、施設に入り、「保護された」と区切りを付けられている。地域で自由に暮らすことがゴールであり、今はまだ自由を奪われた状態だと岸田さんは訴えているのだ。事件がまだ終わっていないのと同様、私宅監置の犠牲も終わっていない。傷つけられた尊厳は、何も回復していない。

本書では、私宅監置された無名の犠牲者たち、見えなくされてきた彼らの生き様を、〝見える化〟する。障害者を排除し続けている現代社会の罪責を射ることにつながると信じるからだ。

隔離され、排除された気持ちは、された人にしか分からない。その暗闇を照らすことができるのは、犠牲者たちだけである。犠牲者の眼差しを少しでも感じたいと思い、取材を進めたが、〝見える化〟と言っても、取材できたのは犠牲者の周囲にいた人たちの証言や資料がほとんどだ。犠牲の本質にアプローチできているかどうか、心許ない。

しかし、この本が一つのきっかけとなり、さらなる闇の奥に目が向けられ、そこで今も孤独と絶望を感じている人に希望が灯《とも》ることを願う。

そしてこの記録が、数えきれない隔離の犠牲者たちの尊厳回復の助けとなることを、心より望む。


【付記】「障害」の表記について。

本書では、「障害」の文字を用いた。「害」という字は、害悪や公害など負のイメージが強いため、人に対して使うべきではないとする意見がある。役所や企業、メディアなどの多くが、ひらがな表記(「障がい」「しょうがい」)を用いている。

しかし私は、障害の定義を社会モデルで捉えている。つまり、「害」は個人の属性として〝内側〟に存在するのではなく、〝社会の側〟に存在している。その「害」は、絶対的に取りのぞかれるべき障害物や障壁、バリアである。そうした社会の欠落や不備によって、障害者が生み出されているという考えに基づき、あえて「障害」と漢字で表記した。


二〇一八年一一月四日(亡き人を記念する日)

フリーTVディレクター　**原　義和**

1 藤《ふじ》さん（八重山・離島）

✳恋敗れ

石垣市にある沖縄県立八重山病院の精神科に、藤さん（一九三〇年生まれ）が入院したのは一九七四年頃。母親に連れられてきた時のことを、当時看護師として働いていた仲里栄光《なかざとえいこう》さん（一九四八年生まれ）が覚えていた。

「ひざが軽く曲がった状態で、よちよちよちよちって感じで。お母さん、厳しい人でしたよ。ピシッとやらんかと言って。入院した時も怒鳴って。職員の言うこと聞けよとか、厳しそうなお母さんでした」

歩行がぎこちなかったのは、ひざが硬直し、まっすぐに立てなかったからだ。その後、病院スタッフがお風呂でマッサージし、手当てを続けるうちに、少しずつ回復したという。

石垣島からフェリーで一時間ほどの離島が、藤さんの生まれ故郷だ。フェリーがよく欠航する辺境の島である。

藤さんが監置されていた小屋。1964 年、岡庭武さん撮影。メモには「5 月 1 日、13 年」とある。13 年監置されているという意味。

一〇代の頃、思いを寄せていた男性と結婚できなかったことが、発病のきっかけだという。島で藤さんを知る人物は、今ではお年寄りに限られている。彼らは、「恋敗れでおかしくなった」と、藤さんのことを記憶している。相手の男性とは、互いに気持ちが通じ合っていたらしい。しかし、藤さんには親が決めた別の結婚相手がいた。

「嫁に行く立場だから、向こうには絶対に行かさんと言われて、病気になったという話を聞いたけどね。親が頑固。こういった封建的な考えだったから、娘がそうなったんじゃないかな。彼女（藤さん）の執念は大変なものだと思ってさ。思い詰めたら、もう、とことんまで。（Q実際に親が決めた相手とは、結婚できたんですか?）いや、結婚してないですよ。あれからもう、完全にノイローゼみたいになってるから」

そう語るのは、島に住む甥の薫さん（一九四八年生まれ)。

藤さんの母は、封建的で口やかましい人だったという。自分が駄目と言ったら駄目、親は子に対して絶対の存在、という人だった。藤さんは、恋を叶えられない悲しみに打ちのめされ、精神を病んだ。最初は家で親が看ていたそうだが、近所でトラブルを起こし、閉じ込められたという。

後に八重山病院で看護師として関わった仲里栄光さんは、藤さんが隔離された理由について、こう聞いている。

「何か、食べ物を、家族が炊いたやつも、みんな食べたとか。勝手に。注意したら、暴力。暴力が多かったみたいですよ。体も大きかったです」

現在、瓦葺の母家の裏側、豚小屋だった所の横にフクギの木がある。その下に、藤さんの監置小屋はあった。一坪より少し大きい程度だったという。

家族が勝手に閉じ込めたのではない。精神病者監護法に基づく措置だった。これは警察法の色彩を帯びており、公安上の取締りに重点が置かれていた。

地域社会の公認のもと、藤さんは閉じ込められたのだ。一九五二年頃と思われる。一九五七年に鹿児島大学医学部の調査団として沖縄を訪れた精神科医の佐藤幹正さんが、藤さんを訪れている。その時、藤さんは二七歳で、躁うつ病と診断された（「九州精神医学」第一三巻一九六七年）。

米軍統治下の沖縄では、戦前の日本の精神病者監護法がそのまま適用されていた。米軍は、もっぱらマラリアや結核、フィラリア、性病など感染症対策に力を入れ、精神病はほぼ無策だった。

鹿児島大学班の佐藤幹正さんは、米軍政官と面会し、二〇〇名余りの精神病者が悪質な条件で私宅監置されている実情を訴えた。処遇改善の協力も求めたという。しかし、「所管外で、自分の権限では如何ともしがたい」との返答だった。この実情を米政府担当者に伝達してほしいとも頼んだが、「結局、何らの反響もなかった」と記している（前出「九州精神医学」）。

沖縄の私宅監置の写真を残した岡庭武さんは、撮影翌年（一九六五年）の論文で、こう発表した。

「二七度線で（沖縄が）切り離されていなければ、本土なみの医療体制はできたであろうし、かかる悲惨な状態はつづかなかったと思う。戦争と、それにつづく誤った本土の政治が、このような犠牲者を生んだと、私は思う。現時点において、根源的な政治に対して無知であってはならぬし、闘わねばならぬと思う」（「精神医学」一九六五年六月七巻より）

沖縄の私宅監置の悲惨について、岡庭さんが、日本本土の政治の誤りに罪責を見出していたことを大切に覚えなければならないと思う。

もともと、戦前の沖縄には、精神病院も無ければ、精神科医もいなかった。日本民芸運動に関わり、山下清を見出したことでも知られる精神科医の式場《しきば》隆三郎《りゅうざぶろう》さんは、一九四〇年頃の沖縄について、こう記している。

「何故に精神病院が（沖縄）県下に一つもないか不思議に思ふ。費用の不足が誰の口からも語られる。日本の精神病院が欧米と比肩しようとするまでに発展しつつある時代に、琉球では明治以前の暗黒状態にある」（『沖縄における精神衛生の歩み』吉川武彦編著一九七九年）

いかに沖縄が、社会基盤の中核の一つである医療の面で、日本国家に見放されていたのか。鹿児島県では、一九四二年の時点で精神病院が既に三つあり、病床は二四二を数えていた。「注目すべき較差」と、沖縄精神衛生協会創立一〇周年記念誌にある。

「沖縄県では、八九〇名以上の精神障害者は、親戚縁者の手中にあって、およそ医療とは無縁であった」（一〇周年記念誌）

一九四六年頃、米軍政府は米軍野戦病院から民政府に移管されていた宜野座《ぎのざ》病院に、精神科病室を設けた。これが、沖縄における精神病院の一つの芽生えである。民家風の建物をベニア板で仕切った粗末な病室で、六畳に三人ずつ収容したという。定員二〇床では足りず、常に超過入院の状態だった。薬剤の全ては米軍の提供。島常雄医師がここで治療に当たった。12（一四三ページ）に登場する瑞慶山《ずけやま》良光さんは、ここで二週間ほど入院したことがある。彼によれば独房、今で言う保護室（隔離室）があった。

一九四九年、金武村浜田にあった結核療養所の中に、コンセット（かまぼこ型の米軍兵舎）の精神病棟五〇床ができた。一九五四年、その五〇床を廃し、隣接する土地に七〇床の病棟を建てて、琉球政府立の琉球精神病院が発足した。

沖縄精神保健の歴史に詳しい吉川武彦さんは、この琉球政府立の病院について、こう評している。

「病室の構造は極めて閉鎖的で、かつ大部屋制であり、また保護室（隔離室）が七〇床中二〇床もしめる監置型」「もっぱら精神障害者を収容することが目的」（『沖縄における精神衛生の歩み』一九七九年）

病院とは名ばかりで、隔離収容のための施設として、沖縄の精神病院はスタートした。

一九六四年に沖縄じゅうをまわって精神衛生調査をした岡庭武さんによれば、琉球政府立病院は常に満床だった。

私立の精神病院（医院）も、一九六〇年代半ばに既に四つ、財団法人沖縄精神衛生協会の経営する精神病院が一つあったが、貧しい人びとにとっては手の届かない存在だった。健康保険制度がなく、入院費が自己負担だったからだ。公務員の給与が六〇ドル弱の時代に、入院費は一か月約五〇〜八〇ドルだったという（「沖縄の精神衛生」岡庭武一九六四年九月二五日）。

患者の家族は、畑や家畜を売ってでも、なんとかして病院に連れて行くが、長くは入院させられない。結局、患者は回復しないまま家に戻され、再び私宅監置された。

名護保健所の職員だった安富祖《あふそ》朝正《ちょうせい》さん（一九四二年生まれ）は、こう振り返る。

「医療に結びつけようとしたら、全て自己負担。入院させるにしても、病床がない。ないないづくし。だから放置せざるを得ない。放置してしまうと、やっぱり問題行動を引き起こす人たちがいる。私宅監置せざるを得ない状況に追い込まれていったんだろうね、おそらくね。あってならないことだけど、家族としては、やむを得ない措置だったんだろうね」

交通の便の悪い離島では、医療につなぐのはさらに困難だった。一九六〇年代、石垣島の港から沖縄島の病院へ、精神病者が連れられて行くのを目撃した人はこう語る。

「全部貨客船ですからね。貨物と人間が一緒に乗るんだけど、甲板の所にね、若い女が手足を縛られているのを見ました。ほかの乗客も、そういうものだと思うのか、別に騒ぎもしません」

逃げないように、暴れないように拘束したと思われるが、まるで貨物扱いだったと、この人は言いたいのだ。病院に行くか、私宅監置か。それを決められるのは家族や地域であり、本人に選択の余地はなかった。

✺子どもたちのからかい

藤さんが私宅監置された小屋は、粗末な丸太づくりだった。上は茅葺き。もちろん、中からは出られない。電灯もない。台風が来れば、雨風に震える思いだったろう。

「暑いも寒いも関係ないですよ。しょうがないもん。本人がおかしくなっている状態なんだから」

甥《おい》の薫さんは淡々と語る。水や食事は母親が運んでいた。排せつも中で行うしかなかった。藤さんは薄着をつけ、ずっと座りっぱなしだったという。それがひざの硬直を招き、入院時は歩行がぎこちなかったのだ。

「頭がやられてるから、常に怒りっぱなしですよ。ヒステリーで。（Q小屋で?）そう。（Q自由が無いから、当然かも）自分をこういう所に閉じ込めて、という思いも強かったんでしょうな。余計ストレスが溜まって、どんどん、もう。(Qどんどん悪くなる?)そう。小屋に入ってからは、彼氏の名前を呼んでみたり、歌をうたったりしてね。大声を出して。戦前の流行歌かな」

藤さんの家は、集落の中心部から少し南東。近くに家が何軒もある。空気が澄んでいれば、藤さんの歌は響きわたり、多くの島民が耳にしたはずだ。昼も夜も、好きだった人の名前を叫んでいたともいう。

「(Q祭りがあっても、藤さんは参加できない?)そのままですよ。もう、ずっと。出さないもん。(Q出すと、何かある?)いやあ、暴言を吐いたり、乱暴。いろいろな、みだらな行動をするからということで、外には絶対出さんかったですよ」

甥の薫さんにとって、元々は、藤さんは〝優しいお姉さん〟だった。幼い頃、背中に負ぶわれたことがうっすらと記憶に残っている。

「(Q監置小屋で機嫌のいい時は、何か話を?)いや、

藤さんの監置小屋があった場所で説明する甥の薫さん

話をするというよりはね、ちょっと笑って、こっちを見たりして」

学校の友だちを、藤さんの監置小屋に連れて行ったことがあるという。

「ほら、入ってるもんだから、友だちが見せてくれということで行ったら、あんたはどこどこの子どもだねと言って。判別はできていた。ひとの顔を見て、この顔形はどこの家の子だなあと言っていた」

島の出身者で、今は石垣島に住む玉城功一《たましろこういち》さん（一九三七年生まれ）も、子どもの頃、私宅監置されていた藤さんを〝見に行った〟ことがある。小さな島であり、藤さんが閉じ込められていることは、周知の事実だった。

「何しろ、家の後ろに作られてるからね。そばを通った時に、歌をうたってるの、聞こえたりね。歌が上手だった。また、変な奇声を出したりしてたもんだから、我々も小屋に石を投げたり。すると、すぐにわーって声を出して、反応するもんだから。子どもだから面白がってね、どうせ出てこられないからと言って。こちらも変な声を出して、からかったりして」

玉城さんは、むしろ懐かしそうに振り返った。島の子どもたちは、藤さんの隔離をわだかまりもなく受け入れていたのだろうか。

たとえ〝からかい〟であっても、そのわずかな時間は、藤さんにとっては、数少ない交流の時間だったかもしれない。藤さんが病気になったきっかけについて、玉城さんはこう聞いている。

「男女交際のそれがうまくいかなくて、相手の男の人が戦後の計画移民で西表島に行くという、いろいろなショックがあって。（Q離れ離れに？）はい、そのショックで精神異常をきたしたという話は聞いたけどね。藤さんは、若い頃は大変な美人で、歌も踊りも上手だったらしい」

　藤さんは彫りが深く、目鼻立ちのはっきりした琉球美人だったという。若い男女が集まって、三《さん》線《しん》に合わせて歌い踊る〝毛遊び（モウアシビ）〟が息づいていた時代。藤さんは人気者だったと思われるが、私宅監置されてからは、すっかり孤独な人生行路を歩むことになった。

　届出によれば、一九二三年に沖縄で私宅監置されていたのは、四四名。一九三五年は一一七名。一九四二年は九八名。ところが、一九五八年に琉球政府が行った調査では、二〇三名と激増している。日本本土では禁止されてほとんど無くなっていた頃に、沖縄では逆に増え続けていた。無届が多かったことも分かっているので、実数はさらに多いはずだ。ちなみに、その一九五八年、沖縄における精神障害者の数は、推定八〇〇〇人である。

　一九六四年、派遣医として沖縄に来て、貴重な写真を撮った岡庭武さん。彼は、同年九月に発表された論文「沖縄の精神衛生」（「病院精神医学」一九六四年九月二五日）によれば、沖縄各地を七〇日間の強行日程でまわり、四二七名の患者を調査。五八名の私宅監置を直接確認している。

　ある所では、患者は足に鎖をつけられ、柱につながれていた。入り口が鉄扉や鉄格子で固められていた小屋もあった。二〇分もかかる坂道を老父母が交代で食事を運んでいた所も。三八年ずっと隔離されていた患者もいたが、彼は戦争中も監置所から出されなかったという。患者の顔から黒いハエの塊が飛び立つこともあった。隣りのヤギ小屋の方が清潔だと岡庭さんは感じた。ある新築の家では、家屋の建築より先に、監置所ができていた。

これらの患者が長期間そのままの状態で、治療の道が閉ざされていることに、岡庭さんは衝撃を受けた。

二〇一七年一〇月、九一歳の岡庭さんを東京・小金井の自宅に訪ねた。

「いや、びっくりしましたね。真っ暗なんだけど、臭いがすごかったですよ。もうねえ、腐敗臭がね、充満してましたね。垂れ流しですからね。一刻も早く改善しなきゃいかんと思いましたよ。人間扱いじゃないもんね、これ。早く処置しなくちゃね、命にかかわる問題だと思いましたね」

岡庭さんいわく、隔離された本人が外に出たいと言っても相手にされず、より無難に、より簡単

「沖縄が好きになっちゃったから」と岡庭武さん。その後、何度も沖縄に通うことになったのは、私宅監置の写真を撮った1964年が原点だという

1960年代に自分が撮った写真を見る岡庭さん。吉川武彦さんに預けたきりになっており、見るのは約20年ぶりだった

にトラブルを避けたいという家族や周囲の意向が優先された。

「とにかく、近所に迷惑をかけないように、というのが先ですよ。罰としてやってるんじゃなくて。自分の家族をこういう風にやらざるを得ない心情はね、大変なもんだよね。だから小屋を作るなんて言ったら、近所の人、みんな手伝ってくれる。(Q監置された人からすれば、どんな思いだった?)そうねえ、絶望なんでしょうね。ちょうどね、素っ裸で檻につかまってね、近づくと自分の便か何かを投げたりする患者がいましたけどね。それは、外から来る人間に対して、憎悪以外にないわけですよね」

ほとんどの家族が患者を隠そうと腐心していたはずだが、レンズは驚くほど患者に肉薄している。岡庭医師は、地域の暗部に入り込み、私宅監置を記録した希少なひとりだ。

「(Qヤマトンチュとして、島で調査をするのは難しかった?)そうですね、だいたい言葉が分かんない。だからノートの端っこに対語を書いていたけどね(笑)。目の前でべらべらしゃべってたら、分かんなかったね。チムワサワサーってあった。胸騒ぎがするって感じなんだけどね、ちょっと違うんだね。ドキドキするとかね、何か心配ごとがあるって時もね、チムワサワサーなの。だけど、患者にチムワサワサーって僕が言うとね、途端に親近感を感じるみたいでね」

✺奪われた社会性

恋敗れで発病したという藤さんは、実に二〇年以上という長い私宅監置の末に、八重山病院に入院した。精神科病棟が開設したのは一九七三年五月だが、それからしばらく経ってからの入院だった。二年前の一九七一年二月、既に精神科病棟は作られていたが、医師や看護師が見つからずに開棟できなかった。年に一〜二度、日本の厚生省からの派遣医が調査のために来島し、問診して薬を処方していた。それ以外、医療と言えるものはなく、八重山保健所の職員が一〜二か月に一度見回るのが精いっぱいだった。

一九七二年、沖縄の施政権がアメリカから日本に返還され、沖縄の精神保健は様変わりした。日本では一九六一年に実現していた国民皆保険が、沖縄に初めて整備された。復帰特別措置が適用されれば、入院が公費でまかなわれることにもなった。

藤さんは、監置小屋を出た後は入院が続いた。甥の薫さんによれば、藤さんが里帰りをしたのは、わずか一度だけ。旧盆に盛大に行われる祭りの時だったと記憶する。藤さんにとっては、自分の暗い過去を多くの島民が知っている中で、里帰りする気持ちにはならなかったかもしれない。月に一度、母親が病院に面会に来ていたようだ。

入院当初の藤さんは、食事は手づかみで、トイレにも行こうとしなかった。看護師の仲里栄光さんは、それが強く印象に残っている。

「便の始末が、最初はできなかったんですよね。もう、あちこち、人前であろうが何だろうが、ばーっと座ってやったりして。職員が、ああ、あんなにしないよ、恥ずかしいよとか言ってる間に、自然にトイレに行くようになった。（Q監置されていた時代、ずっとそうだったから？）小屋の中でそのまま、やりっぱなしだったんじゃないかな」

私宅監置は、藤さんから社会性を根こそぎ奪っていた。決して藤さんに限ったことではない。精神科病棟開設当初の沖縄県立宮古病院でも、同様だった。二〇周年記念誌にこんな記述がある。

「長期間監置されていた為に、両下肢が曲がったまま、両足首に縄のような跡が痛々しく残っている患者、箸の使い方を忘れてしまったのか鷲づかみで食事し、所かまわず排せつする患者、入浴中浴槽で排便し天井を凝視している患者、保護室は保護室で、壁いっぱいに便を塗りつぶしゲラゲラ笑いこけている患者もいた」

私宅監置がいかに人間の尊厳を深く傷つけるものだったか、うかがい知れる。

一九七一年、琉球政府厚生局の職員と私宅監置の現場を訪れた沖縄タイムスの記者は、「動物以下の扱い」と大きな見出しで伝えている（九月七日）。「日本復帰」を控えて、保健所が中心となって、私宅監置患者の入院（収容）キャンペーンを行ったのだが、その時の記事だ。

「三〇歳をこえたばかりのCさんも、一〇年間の座敷牢生活。つめが五センチ近くものび、ゼンマイ状にまがる寸前までのびている。皮ふの色は抜け、ほんの一メートル歩いただけで、すわり込んでしまった」

「A子さんは豚舎横のブロック小屋に、二〇年間も監禁されたまま。入り口と一つしかない窓は鉄格子がつき、さらに内側にはトタンの張られた戸が、クギで打ち付けられているという厳重なもの」

記事は、玉盛尚厚生局精神衛生係長の話を紹介してまとめている。

「自宅監置者の発見は非常にむずかしい。那覇市内では一人も発見されていないが、かくれた監禁者が多いと思う」

精神病者監護法は、行政が許可することで、家族による監禁の濫用を防ぐ目的もあったが、うまく機能したとは思えない。無届の黙認も多かった。

一九六〇年代半ば、名護保健所の職員として私宅監置の許可手続きを担当していた玉城《たまき》勝利《かつとし》さん（一九四五年生まれ）は、こう語る。

「拘束（私宅監置）は長くはできないことになっているので、継続していいですかと手続きやるわけですが、二回目ぐらいで、もう、終わっている状況だったと思います。（Qその先ずっと継続しているけど、手続きしない？）はい。しないで。繰り返しですよね。（Qあとは黙認？）そう、ほとんど黙認状態。許可を一度得たら、もう、そこに入れられっぱなしになっていたと思いますね」

入院キャンペーンに奔走した保健所職員の安富祖朝正さんは、こう振り返る。

「いやあ、すごかったよ。人権蹂躙《じゅうりん》。今はとてもできないよね。あの頃は相当遅れてるから、できよったわけですよ。復帰するのでね、そういう状態（私宅監置）が残ってたら困るという、そういうのが働いていたわけさ。病院にみんな収容した。家族は、公費で入院させるわけだからね。もろ手を挙げて賛成ですよ」

1　藤さん（八重山・離島）

八重山病院に入院した藤さんは、トイレを使うことなど、社会性を少しずつ取り戻していった。歩行練習などを経て、徐々に歩けるようにもなったと仲里栄光さんは語る。

「慣れてきたら、自分でさっさと廊下を小走りで。あい、藤子、トイレだなあとか、みんなで言ったりして。トイレに走って行っていた」

本名は藤だが、病院では「藤子」と呼ばれていた。自分から進んで誰かに声をかけることはなかったという。もともとコミュニケーションが苦手な性格だったのかもしれないが、長年の隔離が、他人と関わる積極性を奪ってしまったことも否めない。藤さんは、よくホールの隅に座っていたという。

「座ってるの、多かったんですよね。ホールの片隅で。（Qひとりでですか？）全てひとりで。（Q誰か友だちと？）いえ、友だちは全くいないです。スタッフが、藤子さん、何々やろうと言わん限りは、ひとりですよ。（Qどんなことをしていた？）何か、いじってましたね、草むしりみたいに、指先で、地面を。ホールの中で座って。（Q何か持ってきて？）何も持たんで。あんなのが多かった」

身体が弱ったためか、亡くなったのか、母親が面会に来なくなると、藤さんを訪れる人はほとんどいなくなったという。

「話しかけたら、ついてきて一緒に何かやったり。八重山病院はヤギを五、六頭ぐらい養っていて、毎日一時間ぐらいかけて、ヤギの草刈りに行っていた。車で川平とか名蔵湾とか、ドライブしながら連れて行ったんですけど、草刈りは上手でしたよ」

もし、藤さんが私宅監置されていなかったら……。生まれ島で農作業に勤しみ、好きな歌をうたって過ごす平和な日常があったのではないだろうか。

「優しい、普段は（笑）。返事が優しい。朝起きて、ご飯だよと看護婦さんが声かけたら、『もうちょっと待ってえ』とか（笑）。声が優しいんですよ。サーターアンダーギーも、半分に割ってから、はい、と持ってきたりして。もらったおやつを分けてくれて」

✺我は海の子

一九九三年、藤さんは開設したばかりの特別養護老人ホームに入所した。まだ六〇代、当時その施設で一番若い利用者だったと思われる。食事や入浴介助など、一切必要としなかった。角の個部屋。窓からの眺めは抜群で、真っ蒼な海や、港に出入りする船などを望むことができた。スタッフと一緒にモップ掃除をしたり、洗濯をしたり、時にはタバコを吸ったり、わりと動く方だったという。

「今の老人ホームではあり得ないんだけど、一服しようとか言って（笑）。昔はＯＫみたいな。（Ｑ　職員が藤さんを誘って？）そう。たばこ吸ってた（笑）。これってありかな？と思いながら、先輩の職員だから、私も言えないじゃない。でも藤さん、すごい嬉しそうだったしさ。これもありかなと思ったんだけどね」

そう語るのは、藤さんが入所した二年後に、職員として働き始めた津嘉山佳子さん（一九五〇年

特別養護老人ホームでの藤さん（左）。まぶたはいつも半分くらい閉じていたという。おしゃれで、実際の年齢より若く見られていた。横は津嘉山佳子さん

生まれ）。

「（Q藤さんはヘビースモーカー？）違う。全然。勧められたら嬉しいみたいな感じで。かえって藤さんが職員に付き合ってあげてたんじゃないかな（笑）。たばこ頂戴頂戴って感じではなかった。ただ、職員から声をかけてもらうっていうのが、お話できるっていうのが、嬉しかったんじゃないかなと思うんだけど」

その施設でも、自分から誰かに話しかけることはなかったが、誰かと一緒に過ごすことが、藤さんにとっては幸せだったようだ。

「洗濯物を取り込んで、たたんでいた時、これ、かわいい！って言っていた。着ていたのも、わりと明るい色が多かったよね。明るめの色が好きだったと思う」

施設で看護師をしていた川尻千恵子さん（一九七四年生まれ）は、笑顔の藤さんが印象に残っ

ている。

「水曜日の診察の時、みんな一列に並んで待って、自分の時間が来ると、藤子さん、嬉しそうでしたよね。先生が何もないですか?って聞くと、藤子さんが、「はーい」っていうのがね（笑）、覚えてる。穏やかな感じで、「はーい」って。戻っていく足取りが軽快だったの、覚えてますけど」

島の診療所の医師が、巡回でやって来る水曜日を、藤さんは心待ちにしていたという。

食べるのが大好きで、驚くほどあっという間に平らげた。

「詰まっちゃうから、お願いだからゆっくり食べて」と職員が思わず注意するほどだった。

「食事の時、お隣の方のも食べようとして（笑）。取られそうになっている人も、ちょっと必死になって（笑）。ダメーみたいに言われたのかな、「嫌だー、嫌だー」って藤子さんが言っていたのはちょっと覚えてます。もっと食べたいなって」

職員と石垣島へお出かけに行くのも楽しみにしていた。介護士だった津嘉山佳子さんは、よく一緒に外出した。そんな時、藤さんはいつもおめかしをしていたという。

藤さんが施設の部屋から眺めた景色。遠くには石垣島が見渡せる

「石垣に行ったら、お洋服と食事。(Q例えばどんな服を買っていた?)わりと、的外れなのが(笑)。いや藤さん、これはあまりにも若い人過ぎない?みたいなのもあったんですけど。ディズニーの絵がドカンと描かれているような(笑)」

施設に入ってからの藤さんは、心穏やかな時間を過ごしたと思われる。

「そういえば、藤さん、歌ってたねと思って。(Qどんな歌を?)たぶん、小学校の頃のね、文部省唱歌。想像ですけど、藤子さんはしっかり勉強できたんじゃないかなと思うんですよ。歌は、声かけをしたら、歌われていた。あ、あれだ、我は海の子。あれ歌ってた、藤さん。(Q歌詞も覚えてた?)覚えてました、丸々。ただ、スタッフが藤さん歌おうよってそばに行かないと、自分から、はーい歌いますっていう感じではなかったんですけどね。声は高くて、か細いんですよ。でも、ちゃんと音程合ってるから。藤さん、ちっちゃい時に歌が好きだったんだよねって感じはしましたね」

施設で藤さんが歌っていたのは、「我は海の子」をはじめ、島の小学校で覚えた唱歌だった。隔離され、家族からも地域からも排除される前の思い出が、藤さんの生涯を貫いていた。

2 仁吉《じんきち》さんと達雄《たつお》さん兄弟（宮古島）

✻兄弟で一緒に

撮影した岡庭武さんは、この監置小屋（三九ページの写真）のことをよく覚えていた。二〇一七年にご自宅を訪ね、この写真を見せると、質問を待たずに話し始めた。

「おばあさん、これが母親なんですよね。本当によく話しかけてね。飯食わなくちゃいかんという風なことをね、言ってたんじゃないかな。よく面倒みてましたよ。確か、二人の患者さんがいる。兄弟で入っててね。（Q覚えてますか？）覚えてる。二人とも困ったこととしてたんだね（笑）。近所に随分迷惑かけたらしい。部落に対して申し訳ないという気持ちが強いんですよね。だから、部落からお金をもらって建ててる。そういう所は少ないけどね。離島なんかは、そういう部落全体のね、連帯はあるみたいですね」

岡庭さんのメモには、「部落共同監置所」と書かれている。地域が、主体的に二人の兄弟を隔離していたことが分かる。

「（Qどのように感じた？）阿鼻叫喚《あびきょうかん》だね。いわゆる治療という概念から外れちゃった。しょうがないから私宅監置すると。こういう所へ入れてね、当面の危害から避けるということしかできない。（Q当面と言っても、何年も続くケースがある）そう。五〇年前の日本みたいな感じだね。何か対策をしようとしても、裏付ける経済がない。どうしていいか分からない。ただ、小屋に押し込んでおかないと、近所迷惑になるということしか、考えられなかったんでしょうね」

二人が私宅監置されていた家の、すぐ近くに住む人と連絡が取れた。砂川清治さん（一九四一年生まれ）。

「（Q仁吉さん、達雄さんというご兄弟が、同時に監置されていた。そういうお話を聞いたことは？）あります。その場所も、小さい頃から、ここには仁吉さんの部屋が作られてるよって状況は、見ながら。子どもの頃の話です」

写真を見ると、外鍵が二つ付いている。空気穴がどれだけあったか分からないが、風通しは悪く、汚物などの臭いが充満し、夏はかなりの暑さだったと思われる。

「（Qお会いしたこともある？）あります。どんな作業をして帰るか分からんけど、草刈り鎌を持って、畑から。よく会ったんですよ。ちょうど仁吉さんの所の道を、農作業に行く時、通らないといかん。（Q弟の達雄さんにも？）はい。（Qどんな方だった？）達雄さんも、体がしっかりして。仁吉さんはすらっとして、達雄さんは少し太めで。二人とも、体は大きかったね。だから出会い頭の時は、ちょっと怖い感じはしましたね。（Qそれは監置される前？）前はね。（Qどうして怖い？　何か前

仁吉さん（兄）と達雄さん（弟）が閉じ込められていた監置小屋。鉄格子の出入り口の横に座っているのは母親。2人の監置年数は共に12年（撮影時）。1964年4月22日撮影

にあったから？）いや、そうじゃないけど、やっぱり障害者ということでね。ここらでは、プリムヌと言うんですよね。宮古の方言ではね。何をするか分からないというような」

まだ子どもだった清治さんは、兄弟が怖くて近寄りがたかったのだろうか、二人が監置小屋に入っていた時も、遠くから小屋を見ただけだという。

「寂しい思いはしましたね。もちろん部落の行事などにも参加できないし。そりゃ、閉じ込められるという状況は、子どもの頃でもやっぱり、嫌だなという感じはしますよ。（Q閉じ込められてからは会ってないですか？）会ってないですね。地域の方々も、近づいてはね、見るというのはなかったと思います。（Qその場所、案内していただいてもいいですか？）はい」

清治さんが、監置小屋のあった場所を案内して

くださった。清治さんの家から歩いて五分程度。そこはすっかり藪で覆われていた。私が取材に来ると聞いて、清治さんの友人が事前に草を刈ってくれていた。そうでなければ、雑木と雑草が絡まって、簡単にはたどり着けなかっただろう。奥に進み、清治さんが指差して言った。

「こっちにあった。(Q場所はここで間違いない?)ここで間違いないですね。このコンクリートは、潰されたもの。随分、月日は経ってますよね」

なんと、監置小屋を取り壊した残骸が、脇に放置されていた。壁や天井部分のコンクリートだ。写真でも確認できるが、二人のための監置小屋はコンクリートで頑丈に作られていた。それが、

仁吉さんと達雄さんが入れられていた監置小屋跡。手前はコンクリートの残骸

案内する砂川清治さん

崩されて残っていたのだ。出入り口は鉄の柵でふさがれていたが、その鉄棒も見つかった。がさがさと辺りを探っていると、すぐ隣りに住む砂川ヒデさん（一九三四年生まれ）がやって来た。清治さんが呼んでくれたのだ。

岡庭武さんの写真を見せると、目を丸くして驚かれた。当時の宮古島は非常に貧しく、写真が残っていること自体、あり得ないといった様子だった。

ヒデ「よく残っていたね」

清治「だからよ、先生が調査していたらしい」

原「仁吉さん、達雄さんは覚えてます？」

ヒデ「覚えてるよ。達雄が（昭和）九年生、仁吉はこれの三つ上だから、六年さ。（Q昭和で言うと、六年生）。これなんか、草刈りの、人に使われていた。（Q草刈りの仕事をやっていた？）そう、学校は行かないよ。（Qどうして仁吉さんと達雄さんはここに入ることになった？）あの、ボケておって、暴力もやって。隣りも、別の部落にもまわる。怖いさ。プリムヌと言ったら、怖いさ。誰でも。（Qご飯は中で食べてた？）そう。中でよ。（Qトイレなんかも？）トイレなんかも、みんな。中でやっておったよ」

監置小屋がいつ壊されたのか、ヒデさんは知らなかった。てっきり、壊されずにそのまま残っていると思っていたという。

原「写真のおばあちゃんは、どのあたりに座ってた？」

2　仁吉さんと達雄さん兄弟（宮古島）

清治「向こうに住宅があるので」
原「こちらに（清治さんの左手側）母家があって」
おばあ「仁吉とかがいたヤー（家）は、少しだけ離れておったよ。近いよ」
清治「母家は近かったって。おばあは、こんな風に座っているんだな」
原「この向きですか？」
清治「この向き」
ヒデ「（Qどんなおばあちゃんでした？）どんなって、小さい、優しいおばあだったよ。おばあ

「こういう格好で」…写真の母親の位置を自ら示す砂川清治さん。左手側十数メートル離れた所に母家があり、そこから母親が食事を持ってきていた

インタビューに答える砂川ヒデさん。兄弟の母親とは親しかったという

の代わりに、自分がご飯を炊いて、持ってきたことがある。（Q仁吉さんたちのご飯を？）おばあの分をさ。あれなんかは、分からない。おばあだけ（笑）。（Q久しぶりに、写真でおばあちゃんの顔見ました？）初めて、何十年ぶり。よく残っていたね。こんなおばあだった。（Q今、仁吉さんたちがどうしてるか分かりますか？）分からない。どこに行ったか、分からん。元気ね？　違う。違うはずよ。いないはず」

清治「おそらく、都会に。島を離れてるかなと思ってる」

ヒデさんも、清治さんも、兄弟二人がその後どうなったのか、一家はどこに行ったのか、いつ誰がこの監置小屋を壊したのか、全く分からないと語った。

さらに集落を聞きまわれば、手がかりを得られるかもしれないが、それ以上詮索《せんさく》されることを彼らがやんわり拒んでいる雰囲気を感じた。

✺入院を拒む家族

沖縄県立宮古病院に精神科病棟が開設した一九六七年当時、入院に強い抵抗感を示す家族が少なくなかったという。宮古島の実情を見てまわった精神科医の上与那原朝常さん（琉球精神病院から派遣）は、「大半が私宅監置されていた患者で、入院の説明に話が及ぶと、土下座して入院を頑なに断った老母がいた」と振り返っている。

後に宮古病院の院長になる真喜屋浩さんは、一九七七年に病院に赴任した。その頃も、既に廃止されていたはずの私宅監置が、まだ行なわれていたと語る。医療をなかなか信用してもらえなかったからだ という。

「(Q私宅監置をご覧になったことは?) ありますよ。みすぼらしい小屋のような所に、患者さんは監置されていましたね。畳が二枚か三枚敷ける感じ。小便も垂れ流しているような、そのままの感じですよね。離島で何か所か、覚えていますね。宮古保健所の職員と一緒に出向いて、家族に、なんとか病院で治療受けさせせた方がいいですよと、アドバイスは当然していますが、素直にそうですかと、治療に乗せてはくれないケースが、何件かあったと思います。これ以上はどうしようもない。まあ、そのうち自然に亡くなっていったんじゃないですか、そういう患者さんたちは」

周囲の人びとに、「精神病院に入院させた」と言われたくないという理由だったと、真喜屋さんは話す。

「後ろ指を指されたくないというのか、精神病は世間から疎《うと》んじられていた時代ですから。入院させない家族は、病人を抱えて、近隣に迷惑をかけるような患者さんを抱えて、大変困ったんじゃないでしょうか」

一方、入院して症状がみるみる改善したり、そもそも大した症状ではなかったことが分かったり、病院スタッフが手応えを感じることも多かった。一九六七年、東京から派遣医として宮古に来ていた蜂矢英彦さん(一九二五年生まれ)は、こう振り返っている。

「一五年間監置されていたという四一歳の女の分裂病者は、一応浴衣を着ており、話しかければ、無表情ながら小声で応答したが、室内には、床下にたまった汚物の臭気がたちこめていた。家族は、措置入院の手続きを促すと、喜んでのってきて、まもなく入院の運びとなった。彼女は、入院の翌日から病棟内の掃除を手伝うことができ、二か月後には生活態度の上で病棟内の模範生になった。興奮、暴行、浮浪などに困って監置したのだろうが、入院直後からおとなしかった彼女が、一五年も監置されていた理由が、納得いかなかったものである」（宮古病院精神科二〇周年記念誌）

宮古病院精神科の看護師だった島尻清《しまじり》さん（一九四六年生まれ）は、仁吉さんと達雄さんの兄弟について、全く知らなかった。二人はおそらく、島を離れて、沖縄島の病院に入院したと思われる。同じ宮古島での入院に、家族は抵抗を感じたに違いない。二人のその後は辿っていない。

島尻さんは、ブロック小屋に一緒に隔離されていた、別の兄弟のことを覚えていた。兄弟で入れられた例は、珍しくなかったのかもしれない。その兄弟を一九六七年一一月に訪問した時のことを、島尻さんは、こう記している。

「近づくにつれて悪臭がひどくなり、とても人間が中にいるとは思えない。その中に二人も入っていたのである。我々が近づくと、弟の方は動き回っているのに対し、兄の方は片隅で膝をかかえて座り込んだまま動こうとしない。母親の話では、最近は暴力行為も見られ、力の強い弟の方が彼の分の食事まで食べてしまうとのことだった」（宮古病院精神科二〇周年記念誌）

島尻さんら病院スタッフは、その場で二人の体を水洗いし、母親に衣服を準備してもらって、病院に連れて行った。兄はひざが硬直して立てない状態だった。お母さんは「ありがとう、ありがとう」と話したという。

「お兄さんの方は、栄養状態が悪いのが、どのくらい続いたかねという風になっていて。だから、まず風呂に入れて、すぐ輸液（点滴）したんじゃないかな。食事は、まず、箸がつかめなかった。お母さんが、怖いからお箸も入れないと言ってた。お箸でなんかやるかもしれんからと。二、三週間ぐらい後にお母さんが面会に来たんだけど、すっかり良くなっていて、笑顔を見せるような感じだったから、とっても喜んでね。ああ、こんなに良くなってるねえと体をさすって、涙ながらに話して」

兄は一九七二年の夏に退院。ひざの硬直はついに治らなかった。その三年後、五〇代の若さで亡くなった。弟の方は、その後も入退院を繰り返したが、兄より三〇年近く長生きして、亡くなったという。

3 時夫《ときお》さん（沖縄県北部）

✺幼なじみとの会話

岡庭武さんが撮った写真の人物を特定すべく、様々なアプローチを試みた。手がかりは、残されたメモに書かれた名前と居住地域。まずは、電話帳で似た名前を探す。そして、そのお宅を一軒一軒訪ねては、関わりがないかを聞いていく。

「私宅監置されていた人を探している」と伝えると、たとえ知っていたとしても、どうしても口は重くなる。一体何のために探しているのかと、不信な目を向けられるところからのスタートであった。

一九六六年の精神衛生実態調査の報告書には、例えば宮古島の城辺《ぐすくべ》地区では、「精神医療の面では皆無に等しい。近くに私設の監置所が散見された」とある。その時の調査員名簿が残っている。それには保健所職員に加え、当時の区長も記されていた。その人たちも訪ねていった。

しかし、当事者やご家族の消息をたどるのは難しく、実態調査の記録に、「私宅監置が見られた」

時夫さんが入れられていた監置小屋。岡庭武さん撮影。メモに「部落から離れた海岸にある」と書かれている。監置２年（撮影時）

と書かれている地区の元区長は、「うちの部落では、精神障害者を隔離したことはない」と話された。記録を見せても、頑として譲らなかった。隔離したことを、地域の恥のように捉えているのである。

時夫さんの場合、岡庭さんのメモに書かれた居住地域で、人を見つけては写真を見せ、見覚えがないかを尋ね歩いた。すると、散歩中だった仲《なか》宗《そ》根《ね》武一《たけいち》さん（一九四〇年生まれ）に出会った。彼は時夫さんのことをよく覚えていた。

「二つ年上だったけどよ。長い間、こっちに宿してたわけ。（Q中に入っていた？）入ってた。もう、真っ裸でよ。最初は服つけさせているはずだけど、暑いのか分からんけど、真っ裸でよ。この辺だったと思うけどね」

車一台が通れるくらいの道の山側、草むらを指し、そう言った。かつて、畳二畳程度の監置小屋が、そこにあった。浜辺まで二〇メートルほどで、集落の端。墓が並ぶ山ぎわの土地で、どこか寂しげで、村外れであることが強く感じられる。

「あれ（時夫さん）がこっちに入る時は、いくつぐらいだったかな。僕らが中学時代かね、あまりはっきり分からんけどよ。（Q時夫さんが一六〜一七歳ぐらい？）もう、長い間こっちに、牢（監置小屋）に入って。（Q何かきっかけがあった？）おうちで、何か暴れたりとか、親に反抗とかあったんじゃないかね。何も、喧嘩とか、そういったあれはなかったけど。（Q周囲に何かをやったわけじゃなくて）うん、ない。（Q家庭の中で？）あまり、難しいもんだから、親なんかが、こっちに牢作って入れて。食事はよ、親なんかが、運んであげよった。（Q中からは出られない状況？）うん、出られない。頑丈で」

時夫さんは、一九三八年に久志村《くしそん》（現在の名護市）の辺野古《へのこ》で生まれた。戦後まもなく、九歳の頃に村に家族で移ったという。

仲宗根さんは、小学生の頃、時夫さんともよく遊んだ。時夫さんは子どもの頃から体格は良かったが、みんなで野球をやろうとしても、加わろうとしなかった。うまくできなかったようだ。何をさせても不器用だったと、仲宗根さんは言う。

「野球よ、ボールを包んで作って。そういったものも、やろうとしない。また、させたら、できないわけよ。何か感覚がね、人よりは、だいぶ不器用だった。僕らより体格はあったけどよ」

仲宗根さんは、時夫さんが私宅監置されてからも、小屋の前をよく通ったという。陸上選手だっ

証言する仲宗根武一さん。墓の手前が時夫さんの監置小屋跡

たため、毎日ランニングをしており、そのコースだった。

「浜を走って、こっち通る時は、『はい、とーき。元気んなー（元気か？）』と言ったら、『うんうん、元気どー』って返事はしよったよ。僕がたまに合図しないで行きよったら、僕の名前呼ぶわけよ。『たーけ、たーけ』って。引き返して、『やーが、まねるんな？（まだ、いるのか）？』と言ってよ、『早く、やーでじ（早く帰れ）』。『あさのかめーじよ（ご馳走も食べれらるから）』と。『うんうん、ありがとう』と言いよったよ」

　隔離されている時夫さんにとって、話ができる仲宗根さんの存在が、どれほど大きかったことかと思う。

「二つ上の僕の姉さんが、今はアルゼンチン行ってるけどよ。あれの名前、しょっちゅう呼びよったよ。あれ、同期生なわけ。一回、穴掘ってよ。小屋から出て行ったよ。（Q脱走みたいな）そう。（Q外に出たかったんですかね？）そうじゃないかね。下から出て行ったさ。フリタンプリナーと言って、（Qおかしくなったフリ?）そう。僕、よく言いよったよ。ずっと、おかしくはなくて。たまに、発作的にこう、狂ったり。また普通に戻ったりする」

症状には〝波がある〟とよく言われる。仲宗根さんは、時夫さんが病気のフリをしているのではないかと、よく話したという。彼は本当に病気なのか。病気だとすれば、どこからが病気で、どこからが正常なのか。仲宗根さんだけでなく、家族も、おそらく時夫さん本人も、分からなかったのではないだろうか。

✺密葬

時夫さんの甥、勝明さん（一九五六年生まれ）が同じ集落に今も住んでいる。勝明さんは、職場の打ち合わせスペースで、一時間ほど話をしてくれた。それによれば、時夫さんは三人兄弟の末っ子。一番上の長男が勝明さんの父で、時夫さんより八歳上。間に姉がいる。

時夫さんの父親は、沖縄戦で亡くなった。防衛隊だったと思われる。激戦地だった前田高地で亡くなったらしく、遺骨もない。時夫さんは七歳で終戦となるが、その後は母子家庭だったのだ。母親は、行商などをして三人の子どもを育てた。貧しい家庭で、畑もなかったという。時夫さんの発病や私宅監置の根っこには、父親がいなかったことと、貧困があると勝明さんは語った。

「もう少しゆとりがあれば、時夫叔父さんには全く違う人生があったと思う」

戦後、時夫さんの兄は米軍基地に働きに出た。姉は京都の大理石加工工場へ。工場の経営者が、同じ集落の出身者だったという。時夫さんは、中学二年の頃から学校には行っていない。姉を頼ってか、時夫さんも京都の同じ工場へ働きに行った。しかし、うまく馴染めず、実家に戻った。その頃、病気になったようだ。

「時夫叔父さんは、京都で嫌な思いをし、沖縄に帰ってからアルコールに逃げたのではないか」

勝明さんは、そう話す。どのような経緯で時夫さんが私宅監置されることになったのか、詳細を勝明さんは知らない。おそらく酒がらみのトラブルだろうと語る。勝明さんにとって、時夫さんの印象と言えば、お酒を飲んで暴れていたことだ。幻覚妄想の症状もあったが、お酒がそれをエスカレートさせたのではと、勝明さんは考えている。

勝明さんは、子どもの頃、遠くから監置小屋を見た記憶がある。祖母（時夫さんの母）が毎日、食事を持って行っていた。子どもながらに負い目を感じていたという。地域に迷惑をかけて隔離されたと認識していたからだ。

ランニングの途中に、私宅監置されていた時夫さんと話したことがある仲宗根武一さんは、その後、時夫さんが監置小屋を出られたのか、病院に入院したのか、よく分からないと語った。時夫さんが亡くなったことは把握していたが、それがいつのことか、詳細は知らなかった。

「僕らもはっきり分からんから。亡くなっても、知らせないで、部落民に知らせないでやってるからよ。はっきり分からん。こっち部落は、一緒にやるから、告別式とか全部（集落の全員が）出てやるんだけど。あれの場合は、あんまり分からんさ。（Q家族だけで、内輪でやった？）そうそう。やったんじゃないかね。僕らも行ってないのに。告別式は」

本来、葬儀は集落の人たち総出で行うのが常だというが、時夫さんはそうではなかった。家族はおそらく、周囲の人に分からないように、様々な対処をした。

甥の勝明さんに聞いた。

「確か、日本復帰前だったと思うが、父（時夫さんの兄）が、精神病院に連れて行った。その後、退院したが、地域でお酒のトラブルを起こし、手に負えなくて警察のやっかいになり、また入院。これを繰り返していた」

時夫さんが監置小屋を出られたのは、一九七一年のことだ。金武村の琉球精神病院に入院し、一年ほどで那覇市の病院へ転院。その二年後に退院したが、六年後に再入院。七年の長期入院の末、一九八二年に沖縄島北部の病院に移った。

退院すると、時夫さんはよくお酒を飲んだ。泥酔すると、勝明さんが呼び出された。「元気だったですよ」――そんな時の時夫さんはパワーがあり、勝明さんが一人で抑えられないほどだった。「自分は神の子だ」と妄想を語ることもあったが、お酒さえ飲まなければ、気のいい叔父さんだったという。三線が好きで、入院病棟でもよく弾いていた。

✺心気妄想

一九八二年からの主治医に会うことができた。時夫さんとは長い付き合いだが、医師にとっては手のかからない患者で、あまり印象に残っていないようだった。

「おとなしいおじさんですよ。そんな、恐怖感を与えるようなこともない。優しい、穏やかな人で。あまり統合失調症の匂いがしなくてね。まあ、酒飲みのおじさんだ、ぐらいの感じで、病棟にいましたね」

メモを見ながら、時夫さんの病気について教えてくれた。八二年以降、二〇数回、入退院を繰り返している。一回の入院は数か月ほど。自分から希望して入院することもあったという。

「こんな被害妄想は珍しいけど、時夫さんはありました。沖縄戦の敗残兵が、自分にいたずらしてると。戦争の妄想が絡んでますね。時代を反映するような。また無為自閉、気分にムラがある。過呼吸、恐怖感がありました。いつも敗残兵に狙われて。敗残兵にやられるとお腹が痛いと言うんですよね。お腹が痛いってのは、心気妄想ですね。病気じゃないのに病気だと思い込むのを心気妄想と言いますけど」

具合が悪いと荒い口調になり、攻撃的になる時期もあったという。「差別されている。安楽死させてくれ」と訴えたこともある。

「（Q死にたいということ？）でしょうね。つらいからと。死ぬ気はないんですよ。死ぬぐらいつらい、と訴えている」

幻聴が活発な時があり、そうした時は、呼吸が苦しくなった。それらの背景には、戦争の影があった。退院すると、周りに借金をする傾向もあった。「私には小遣い銭があるからちゃんと払う」と言って、借りていたという。

「家族も負い目があるからね。だから、小遣いをたくさんあげる。そうすると、だんだん、お金にだらしなくなる。そういう構造もあると思いますよ。家族は大変だったんじゃないですかね。医者には言わんけども、おうちに帰ったらね、恨みつらみで。よくも、あんな、閉じ込めたなと。家族に当たったかもしれないですね」

私宅監置の呪縛《じゅばく》は、監置小屋を出てからもずっと、家族の関係を悩ませ続けていた。

私宅監置の犠牲者の多くがそうであるように、時夫さんもひざの硬直が治らず、疼痛を引き起こしていた。

「初めから、変形性膝関節症がありますね。それは私宅監置と関係あるかもしれない。何年も狭い所にいると、運動不足で膝が固まっちゃうんですよね。後遺症だと思いますよ。拘束のね」

晩年は、ひざの痛みで歩行が困難になり、車いす生活だった。病院から出ることはなく、集落の人とも縁遠くなっていた。亡くなったのは、つい四年ほど前。

甥の勝明さんは、「葬式は身内だけで行った」と、低く小さな声で語った。

4 秀和《ひでかず》さん（石垣島）

✺小学校の課外授業

二〇一八年七月、石垣市にあるカトリック学園海星小学校で、ある課外授業が行われた。「闇から光へ」と題した私宅監置の写真展を、五～六年生の二〇人が見学したのだ。

私宅監置は、市町村史などにも一切載らない地域のタブーであり、小学校の授業で取り上げられたのは、おそらく全国で初めてだ。会場には、監置小屋のレプリカが展示され、生徒たちは順番に入った。ひとりで入りたいと言う子もいれば、ひとりでは怖いから二～三人で入ると言う子もいた。

「あの中でトイレもしたり、流さないままなので、臭いだけでも、たぶん耐えられない。自分が入ってたら、たぶん、駄目だろうなって感じがしました」

「めっちゃ暗かった。（Q暗い所にずっと閉じ込められたらどう？）無理。なんか、耐えきれないなあと思う」

生徒たちにとっては、祖父や祖母の世代だろうか。写真の男性（五八ページ）は、同じ石垣市内で隔離されていた秀和さんである。

無表情だが、抵抗をあきらめたようにも、この世のことにすっかり興味を失ったようにも、思考がどこかを浮遊しているようにも見える。

レンズは、患者の表情を実によく捉えている。撮影した岡庭武さんに聞いた。

「（Qこの表情、どんな風にお感じになる？）あきらめてる。（Q出たいとかは……）いや、出たいかと、訪問時に一応聞きますけどね。返事しない人が多かったね。（Qあきらめみたいな）そうですよ。お腹すいたとか、寒いとか暑いとか、そういうことでしか、外部の人との接触はないんですよね」

カトリック学園海星小学校の課外授業。2018年7月19日。生徒たちは順番に監置小屋のレプリカに入った

✴同級生は……

石垣市の中心部、瓦葺きの母家の裏に、その小さなブロック小屋は設けられた。秀和さん（一九三九年生まれ）が入れられたのは、八重山高等学校一年生の終わり頃だった。

島では、比較的裕福な家庭だった。当時はお金に余裕がなければ、ブロックの監置小屋は作れな

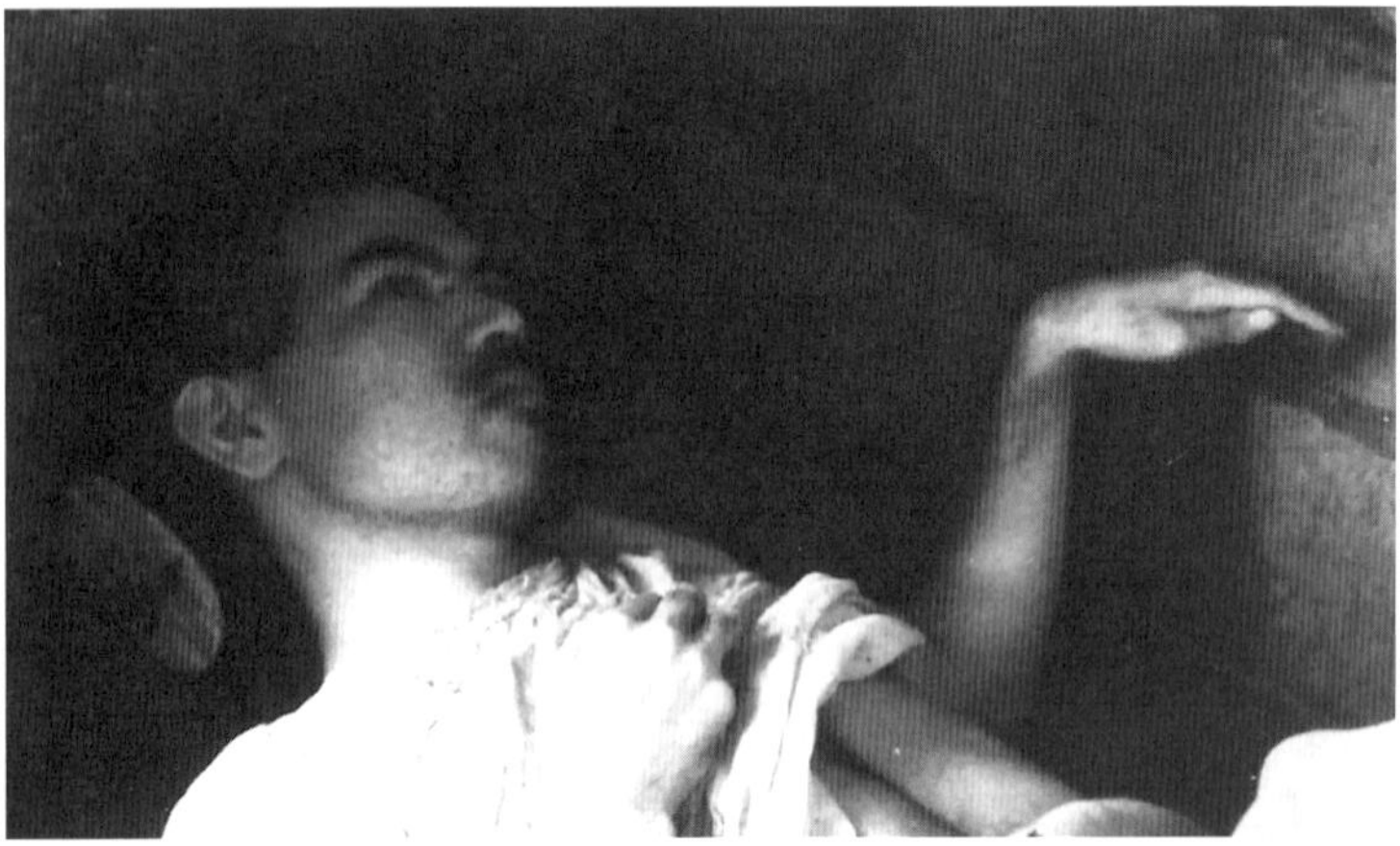

秀和さん。岡庭武さんのメモによれば、石垣島、撮影は1964年4月28日、監置8年（撮影時）

かった。年老いた父母が、彼の面倒をみていた。姉がいたようだが、男の兄弟はいなかった。

写真をよく見ると、別の人の手が秀和さんの服の下に伸びている。同行した看護婦が、体温計を脇に入れているのだろうか。ひげは剃られており、髪も短く刈られているので、定期的にケアはされていたようだ。

病気になった頃のことを、八重山高校時代の同級生が覚えていた。

「当時、僕らはノボルと呼んでいました。なぜだろうね、秀和という名前は今まで知らなかったですよ。ノボルはちょうど僕の斜め後ろの席に座ってました。おとなしい性格で、普段は静かにしているんだけど、その日はぶつぶつと独り言を言って、時々笑い出したりもしていました。先生がそれを聞いて怒り出し、「貴様！」と注意したんです。自分が間に入って、彼はどうも普通じゃない、具合が悪いようだからと先生に言ったのを覚えていますね」

　すぐに職員室に連れて行かれたが、その後のことは覚えていないという。その同級生はそれ以降、二度とノボルさん（秀和さんのこと）が登校するのを見ていない。そのまま退学したと思われる。

　二か月ぐらい経って、近くに住む友達から、「ノボルは家の裏で隔離されているらしい」と聞き、そんなことをしたら余計おかしくなるよ、と話したのを覚えている。同級生の間でも印象は薄く、私（原）が尋ねるまで、ノボルさんの名前が頭に浮かぶことは全くなかったという。

　ちなみに、秀和さんのことを母親がノボルと呼んでいたと、後に入院病棟で一緒だった看護師が証言しているので、人違いではない。

　中学校の頃に交流のあった同級生の新城完盛《しんじょうかんせい》さん（一九三九年生まれ）は、こう語る。

「ノボルは、リキヤー（秀才）。頭良くてね。頭良すぎて変になって。中学の時にね、中学の勉強やらんで、こんな大きな辞典持ってね、高校の勉強やっとったよ。彼は友達だよ。おうちも分かるよ。二度ぐらい、学校の帰りにね、遊びに行ったことがある。うちに行こうってことで。昔、一〇時ごろ電灯消えるでしょ。ろうそくを灯してやって、髪を焼いたと言って。そのくらい勉強好きだったよ」

　写真の秀和さんは、栄養状態が悪かったのか痩せているが、中学の頃はもう少しふっくらして、身体も大きかったという。

「いい男だったよ、ノボルは。色も白くてね、美男子。優しくて。（Q大声出したりとかは？）いやいや、そういうのは一切ない。喧嘩なんかもやらん、あれは」

同級生だった新城さんは、中学校を卒業すると、秀和さんの話を聞くことはほとんどなくなった。秀和さんが隔離されていたことも、インタビューの時に初めて知ったという。

「ノボルがこんなところに入れられてると、分からなかったなあ。頭がおかしくなってるよ、という話は聞いたんだけど。（Q今、それを知っていかがですか？）びっくりしてる。隔離されてたという話は聞いたことないから。（Q家族は伏せていたんですね）たぶんね。よく分からんな」

なぜ、小屋に隔離されなければならなかったのか。教室で独り言を言うぐらい、なんとか対応できなかったものか。新城さんは高校に行かなかったため、中学卒業後は交流がなくなったが、映画館の前に住む同級生が、こう話していたのを覚えている。

「その同級生が話しとったのは、ノボルおかしいさと。映画館を真っ裸になって出てきて、大変だったよと。その頃（高校一年）から、だんだんひどくなったんじゃないかな。みんな、勉強やり過ぎるとおかしくなるから、あんまり勉強やるなと言いよったよ」

✺入院させて安心した親

秀和さんのそうした奇行を、両親は寛容に受け流すのではなく、問題視したようだ。

両親のインタビュー映像が残っている。秀和さんが監置小屋を出て精神科に入院し、五年が経った一九七二年四月の映像だ。ＴＢＳの報道記者だった吉永春子さん（一九三一年生まれ二〇一六年没。ＴＶドキュメンタリーの草分けの一人。旧日本軍の犯罪を追及した「魔の７３１部隊」など、秀作を数多く世に出したことで知られる）の取材だ。

その映像は、「日本復帰」直前の一九七二年五月一〇日、TBSの朝のニュース番組で、沖縄特集として放送された。記録では、「生きていた座敷牢」とタイトルが付けられている。

このTBS映像は、二〇一八年四月、那覇市にある沖縄県立博物館美術館で行われたシンポジウム（沖福連主催）で、特別上映された。私宅監置の数少ない研究者である橋本明愛知県立大学教授は、会場でこれを見て、「私宅監置の映像資料は初めて見た。しかもカラーとは衝撃的だ」と話している。

「〈Q〈秀和さんが〉病院に入る前はどんな様子でしたか？〉徘徊して困った。病院に入院して、安心」

秀和さんの両親は、「入院して安心」と繰り返しインタビューに答えている。入院の前、徘徊して困ったと語っているので、私宅監置をしても、時には出していたのではないかと思われる。島言葉しか話せなかったためか、耳が遠かったのか、映像では吉永さんは筆談でやりとりをしている。よく聞くと、母親は「頭を割ったりして」とも答えている。秀和さんは、頭を何かに打ちつける行動もあったのだろうか。

吉永記者を秀和さんの実家に案内したのは、八重山保健所に勤めていた三木健治さん（一九四〇年生まれ）だ。三木さんは八重山高校で秀和さんの一学年下でもあった。高校当時の秀和さんをうっすらと覚えている。

「すっかりノボル先輩のこと忘れておったけど、今、写真見て思い出したよ。鼻の下にほくろがあるから、すぐ分かった。高校時代から、たまに変なことしてたんですよね。頭もいいと評判ではあっ

三木健治さん。八重山保健所の元職員。性病調査員だったが、精神衛生も兼務した。岡庭武さんとは長い付き合いだと語る

たんだけど。ちょっと不良っぽいところあったけど。悪さをするような不良じゃなくてね、いたずらする感じ。例えばニンジンをちんちんみたいにぶら下げて、そのまま廊下を歩いたりしていた」

三木さんは、秀和さんが発病した頃のことは、よく知らない。しかし、数年後、保健所で精神保健を担当するようになり、監置されていた秀和さんと対面することになった。

「こんな状態で（写真のように）、中で静かにしてるという感じだったけどね。衛生状態は最悪ですよね。垂れ流しのあれですから。（Q体を洗ってあげるとか）いや、家族はそこまで手が回らん、そのまま。親父がしっかりしていて、いつも相談に来とったんですよね。ああいう病気は治らんという感覚があったんじゃないですか、精神科の場合。だから家族が、世間体を気にして監置してるのかなと思ったんだけどね、あの当時。ちっちゃいですよね、部落が。みんなに迷惑がかかるのを気にしたと思ってるんだけど。近所の人だって、別にどうのこうのと非難するとか、全くなかったと思いますよ。ただ家族が、心情的に周囲を気にしたんじゃないかなと思う」

秀和さんは、何かトラブルを起こしたわけでも、苦情が続いていたわけでもなかった。両親が、それらを先読みし、隔離したと思われる。あるいは、奇行を許さない地域の無言のプレッシャーを、両親は感じていたのだろうか。

秀和さんが一一年にわたる私宅監置から解放されたのは、一九六七年。二月に宮古病院に精神科病棟が開設され、海を渡って入院した。

宮古病院の精神科で看護師をしていた島尻清さんは、私宅監置の理由について、こう証言する。

「他人に迷惑をかけないためにという理由で監置されるんだけども、その中にもやっぱり、世間体を気にして監置してしまうというね。隠したいという。そのための監置という風な。小さな島社会だからね、どこどこにはそういう人がいるみたいよっていうのは、すぐ伝わってしまうから。できるだけ、それを外に出さずにということなんだろうね。監置されていた人の中に、なぜこの人がっていう感じ、結構多かったですよ」

秀和さんの両親が「入院して安心」と答えていたのは、ようやく病院で治療を受けさせられるという安心もさることながら、これ以上徘徊などをして、地域に迷惑をかけずに済むという「安心感」があったに違いない。

宮古病院の精神科は、日本政府の援助金四万五千ドルによって、五〇床が作られた。

開設当初の宮古病院精神科

「宮古の場合は精神障害者用のベッドが一つもなかっただけに、同病棟の完成は宮古の精神障害者に大きな福音となる」と、記事は伝えている（一九六七年二月一日宮古毎日新聞）。

沖縄島以外で、初めての精神科病床だった。病棟は、琉球政府厚生局が設計した。保護室は一〇床あり、病棟の周りは格子ブロックで囲むつくりだった。保護室は、「たちまち満床という状態が続き、看護の面でも、保護を主体としてなされた」と記録にある（「研修学会収録」日精看沖縄県支部一九七九年）。

当初、専任医師はおらず、週三日、琉球精神病院から医師が出張して対応した。週の半分は、医師不在だったのだ。にもかかわらず、さらなるベッドの増床が求められた。

一九六七年一一月、日本の厚生省精神衛生課長が、宮古病院を視察。「宮古保健所では、課長に対して精神病ベッドを増設し、狂暴性の患者を収容できるように訴える」と、記事にある（一九六七年一一月二五日宮古毎日新聞）。

看護師の島尻さんは、当初の仕事は私宅監置の患者訪問と収容だったと振り返る。

「悲惨で、言葉もなかった。夏は暑かったでしょうね。逆に冬は寒いしね。自分に置き換えて考えてみても、何年間も向こう（監置小屋）であんなにして過ごしていたのかと思ったら、うーん。人間の生命力というのは、すごいなあと思うよ。今だから大きな声で人権だなんだと言うんだけど、人権も何もあったもんじゃない」

島尻さんは、病棟の異臭が忘れられないという。

岡庭武さんの写真を見る島尻清さん。宮古病院精神科開設当時から定年まで、看護師として勤務した

「とにかく、そういう監置の患者さんを連れてくると、本当に臭いがすごいんですよ。トイレの臭いもそうだけど、汗とか垢とかね、そういう独特な臭いがあるわけさ。（Qそれまでお風呂は入ってない？）うん。だから、監置患者がどんどん入院してくると、たちまち病棟中が精神科独特の臭いになるわけさ。だけど、一か月以上、毎日お風呂に入れても落ちないんだよ、この臭いは」

島尻さんは、石垣島からやって来た秀和さんのことをよく覚えていた。

「秀和さんね、はいはい。確か、八重山から最初に来た患者さんじゃなかったかな。ひょろ長って感じだったけども。そんなに怒るとか、暴力がある患者さんではなくて。さあ、お風呂って言っても、はいはいと自分でこう、洗ったりしてた。他の人は、ある程度、介助する人もいたけど。ただ、ぎこちない動きをしてたような気がする。盆踊りとか、年間行事の時も、出てはくるけど、輪にも入るけど、なんかぎこちない。踊りが分からないんじゃなくて、体が硬いというか」

写真では、秀和さんの左手が曲がったまま硬直しているようにも見える。撮影した岡庭武さんはこう言う。

「カタトニーと言ってね、手足が硬くなっちゃって動かなくなるんですよね。同じ姿勢でもって、ずっと何時間もこうやってる。硬直しちゃってるんです、関節が」

✺帰る場所は……

宮古病院から遅れること六年。一九七三年、石垣島の八重山病院に精神科病棟が開設された。秀和さんはすぐに転院となり、生まれ故郷の石垣島に帰った。

開設当初から看護師として働いた仲里栄光さんは、ホテルのオープンのような雰囲気だったと笑う。

「みんなが新米でしたから。看護婦さんも、精神科の勤務は初めて。婦長さんも、全員が初めてでしたので、家族が患者さん連れてきたら、職員がみんな並んで、いらっしゃいませって。ホテルみたいな感じで挨拶して（笑）。お客さんを部屋まで連れて行って、案内する感じでね。かばん、持ちますよと言って」

栄光さんも、秀和さんのことをよく覚えていた。それもそのはず、秀和さんはその後、亡くなるまで八重山病院に長期入院し、栄光さんとは病棟でずっと一緒だった。

「宮古病院から来たんだよ、秀和は。あんたなんか、八重山に帰りなさいと。患者も職員も当時は呼び捨てだから、家族みたいに。（Qどんな感じの方でした？）おとなしい性格。病棟一の優しいお兄さんでしたよ。他人に殴られても、全く殴り返さない。症状がね、硬直するんですよ、急に。廊下のまん中なんかに、ガンと固まってよ、立つんですね。あい、秀和、そばに寄らんか、邪魔だ、と言っても絶対動かない。引っ張って、そばに寄せても、パパっとまた戻って立つんですね、同じ場所に（笑）」

緊張して固まることはよくあったが、秀和さんは穏やかな、優しい人だった。何か面白くないことがあったり、ストレスを感じた時に固まっていたと栄光さんは分析する。

母親に小遣いをもらいに出かけることがあったようだが、「今日は、お金は無いよ」と言われると、固まっていたという。逆に美味しそうなおやつを差し出されると、緊張が緩んだ。食事の時は、独特の食べ方があった。順番が決まっているのだ。

「最初、お米から食べるんですよね。お椀いっぱいのお米を全部食べて。次、おかずを全部食べて。次に、おつゆ。順番がある。（Qおかずと一緒にご飯食べることは？）いや。まずは、お米を空に

八重山病院精神科病棟開設の祝会。中央は仲里保子さん

なるまで。（Qそれはずっとですか）ずっとです。何十年と、病棟で」

卓球が好きで、職員が「卓球やろう」と言うと、すぐにやって来たという。藤さん同様、長年の私宅監置でひざの硬直があり、うまく走れなかった。常に身ぎれいにしていて、ひげはいつも徹底的に剃り、ズボンをぴしっとつけるのが秀和さんの常だった。

栄光さんの妻、仲里保子《やすこ》さん（一九四九年生まれ）も、八重山病院に精神科病棟ができた時の看護師だ。秀和さんは、誰からも愛される人気者だったと語る。

「優しいからね、みんなから秀和、秀和と言われて。人がいいから。みんなから、パン食べれとか、もらったりして。素直だったはず。どこに行っても。下の階のスタッフも、秀和さん、秀和さん、どこ行く？　とか言って。ヒーって笑いながら、手でこんなしながら（顔を隠して）」

八重山病院精神科は、開設当初からずっと開放病棟で、日中、患者は自由に出入りできた。栄光さんは、戻ってこない患者をよく探しに行った。

「石垣島は小さいから、患者さんがいなくなっても、どうせ家に帰ってると。誰々いないよって言ったら、じゃあ家に電話してと言って。電話したら、いま家に来てご飯食べてる、とかね。いなくなっても、どこに逃げるわけでもない」

秀和さんもよく家に戻っていることがあり、その度に病院スタッフが連れに行った。入院してからは、秀和さんにとって〝帰る場所〟は家ではなく、病院だった。

「(Q退院して地域に帰るのは難しかった?) お母さんが亡くなって、後は家族が誰もいなくなった。姉さんが東京にいるという話は聞いてたんですけど、来なくて。もう、受け入れ先がないですよ。秀和さんの実家はその後、他人に貸したんですよね。(Q誰かが住むことになって) そう。そこには帰れなくなった。だからずっと、もう。秀和さんも長いですよ。三〇年以上になるかな。長期入院です」


私宅監置の写真展「闇から光へ」で、監置小屋のレプリカに入ったある女性は、現在の精神病院の保護室(隔離室)と、大して変わらないと語った。彼女は統合失調症で、石垣島から那覇市の病院に入院した経験がある。

「(Q保護室にいた時は、どんな感じだった?) 早く出たいなあと思ってて。なんで中に入れられているか分からなくて、イライラしてた。カンカン叩いて、早く出せ出せと言って、ベッドも壊したりして。なんで入れられたのか、分からないから。（Q説明は無かった？）無かった。いきなり入れられたから。なんで出さないの、みたいな感じで。暴れてた。（Q暴れると、余計、出してもらえないのでは？）医者が来てた。（Q出してもらえた？）出してもらえなかった。でも、医者が来るだけでも、ちょっと心がほっとしたみたいな。でも薬飲まされたので、病気って自分で分からなかったんですよ。なのに薬飲まされたから、殺されるかなと思って、暴れて、抵抗してました」

保護室への隔離措置は、自分から選択するのではなく、強制されることがほとんどだ。そのため、病気の当事者にとっては、理不尽な仕打ちと感じるのだろう。医者の姿を見てほっとしたというのは、暴れるほどの混乱状況でも、本人は懸命に救いを求めている証ではないだろうか。しかし、診療の過程で、患者のそうした救いを求める気持ちがつぶされてしまうと、不信やあきらめに向かってしまうのだと思う。

「（Qその後も保護室に入ってて、どんな気持ちだった？）周りの人が、自分を除外しているみたいな感じ。だからこの人たちと一緒にいたいとは思わないから、隔離されてた方がいいかなみたいな。隔離されてた方が、精神的に楽だったと思うんですけど。（Qどうせ自分は排除されてるんだと？）隔離されてた方が安心というか、気持ちが楽って」

石垣島の八重山病院に長期入院していた秀和さんは、両親が亡くなると天涯孤独になった。〝どうせ排除されている〟……退院して地域で暮らすより入院していた方が、秀和さんにとっては、気持ちを穏やかに保てたのかもしれない。

かつての同級生たちは、同じ石垣島にいても、秀和さんのことを話題にすることはなくなっていた。秀和さんは、世間に迷惑をかけないようにと、私宅監置によって地域から見えなくされ、入院によって再び、壁の向こうに追われた。いずれも、地域社会から締め出され、排除されたのだ。

秀和さんが病院で亡くなった時、安置室の準備をしたのは看護師の仲里栄光さんだった。

「イレウスと言って、腸閉塞みたいな。便とかが出なくて詰まってしまって。精神科から内科に移したんだけど、駄目だった」

秀和さんの監置小屋があった実家を探す仲里栄光さん

イレウスは、統合失調症に使われる薬の副作用で危険なものの一つだ。長年の服薬が秀和さんの体に負担をかけ続けていたのかもしれない。母親が亡くなってからは、遠い親戚にあたる人が秀和さんの障害年金などの管理をしていた。地域の有力者で、秀和さんの葬式の手配などもその人が行った。
かつて秀和さんが私宅監置されていた実家の場所に、仲里栄光さんの案内で行ってみた。多くの家が建て替えられ、全く風景が変わっており、探すのに時間がかかった。

「この家かなあと思ってるけど。ちょうどこれがよ（道をはさんだ反対側の家）、女の患者さんで。新しい家、新品になってるさ。作り替えられてるから、ここだと思うけどな、あれの向かいだったからよ」

そこは小洒落た新しい家が建っており、以前そこで私宅監置が行われていたという痕跡は、微塵《みじん》もなかった。

5　賢雄《けんゆう》さん（沖縄島中部）

✺肝苦さ（ちむぐりさ）

兼城《かねしろ》英夫さん（一九四九年生まれ）は、福祉作業所に毎日通い、廃品回収などを行っている。その作業所では、よくみんなで歌うのだが、兼城さんは率先して歌詞カードを配り、ギターで伴奏するなど、その時間を大切にしている。

子どもの頃、近所で私宅監置されていた男性とやりとりしたのを印象深く覚えている。隔離されていたのは賢雄さんという男性で、兼城さんより三〇歳は年上だった。

「僕は小学校五年から中学校三年まで新聞配達やってたんですよね。今、六八歳だから、五〇年以上前になりますかね。その時に、ブロック塀で囲われて、その中に入ってた人がいるわけ。ロウヤと言ったんだけどね。（Q近所で？）すぐ近く。この閉じ込められた人のために、新聞が余った時にね、入れてあげたりした。読めるように。（Qどこから？）窓ぐゎーみたいなのがあった。穴が開いてた。（Qその時、会話は？）ない、ない。僕もまだ子どもだからね」

兼城さんが母親から聞いた話では、賢雄さんはホワイトビーチで働いていた。「英語の勉強をして、頭がパンクした」と噂されていたらしい。米兵との間で、何かあったのだろうか。

「(Qなぜ閉じ込められていると思った?) それは、あまり気にしなかった。新聞配達をやったり、家計を助けるのに一生懸命だったもんだから、考えなかった。(Q周りは当たり前のように見ていた?) だと思いますね」

賢雄さんが隔離されていること、家族がそれを隠していることを、周りの住民は知っていた。しかし、それが日常であり、あえて詮索はしない、意識もしないのが、地域の常識だった。

「(Q新聞を中に入れたということは、何かこの人のためにってのがあった?) それは、ありましたね。肝苦さ(ちむぐりさ)っていうのもあったね。(Q心が痛む?) そうそう。かわいそうというか」

夜になると、賢雄さんは悲鳴とも奇声とも思える大きな声を、集落に響かせていたという。

「夜、悲鳴がものすごかったですね。うわーという、すごい悲鳴。叫び声。それが始まった時にね、ギターで『きよしこの夜』と賛美歌の『いつくしみ深き』を弾いてあげた。歌はできないから、ギターで。何度もありますね」

ギターを弾いたのは高校時代。その頃は新聞配達をしておらず、土建のアルバイトで貯めたお金でギターを買っていた。小屋のそばに行って弾いたわけではなく、自宅の窓から、小屋に向かって弾いた。すぐ近所だったので聴こえたはずだという。

その後、一〇数年が経った頃、兼城さんは、道端でばったり賢雄さんと会った。

「たまたま小屋を出されていたんでしょうね、県道だけど。最初、怖いというイメージがあった。僕もよ。みんなが全然相手しない。一人だけ歩いてるわけですよね。僕に対して、「神父さんありがとう」と言うわけさ。誤解しているわけ。（Q賛美歌を弾いたから？）賛美歌を聞かせたから、ありがとうと」

賢雄さんは、かつて「きよしこの夜」などをギターで弾いていたのが、兼城さんであったことを分かっていたようだ。そのため、兼城さんのことを神父だと思い込んだのか、親しみを込めて冗談でそう言ったのか、よく分からない。

「きよしこの夜」を歌う兼城英夫さん（2017年10月）

「（Qありがとうと言われた時は、どんな気持ちに？）うちの母親には、髪を切らせよったらしい。（Q賢雄さんの髪の毛を？）バリカンでよ、丸坊主にして。うちの母親が頭刈ったりしてたから、僕らの家庭には、そういう意識があったんじゃないかね」

兼城さんに、監置小屋があった場所に連れて行ってほしいと頼み、一緒に車で向かった。その辺りは次々に新しい道ができ、その道もさらに拡張をし、昔とは様変わりしているという。

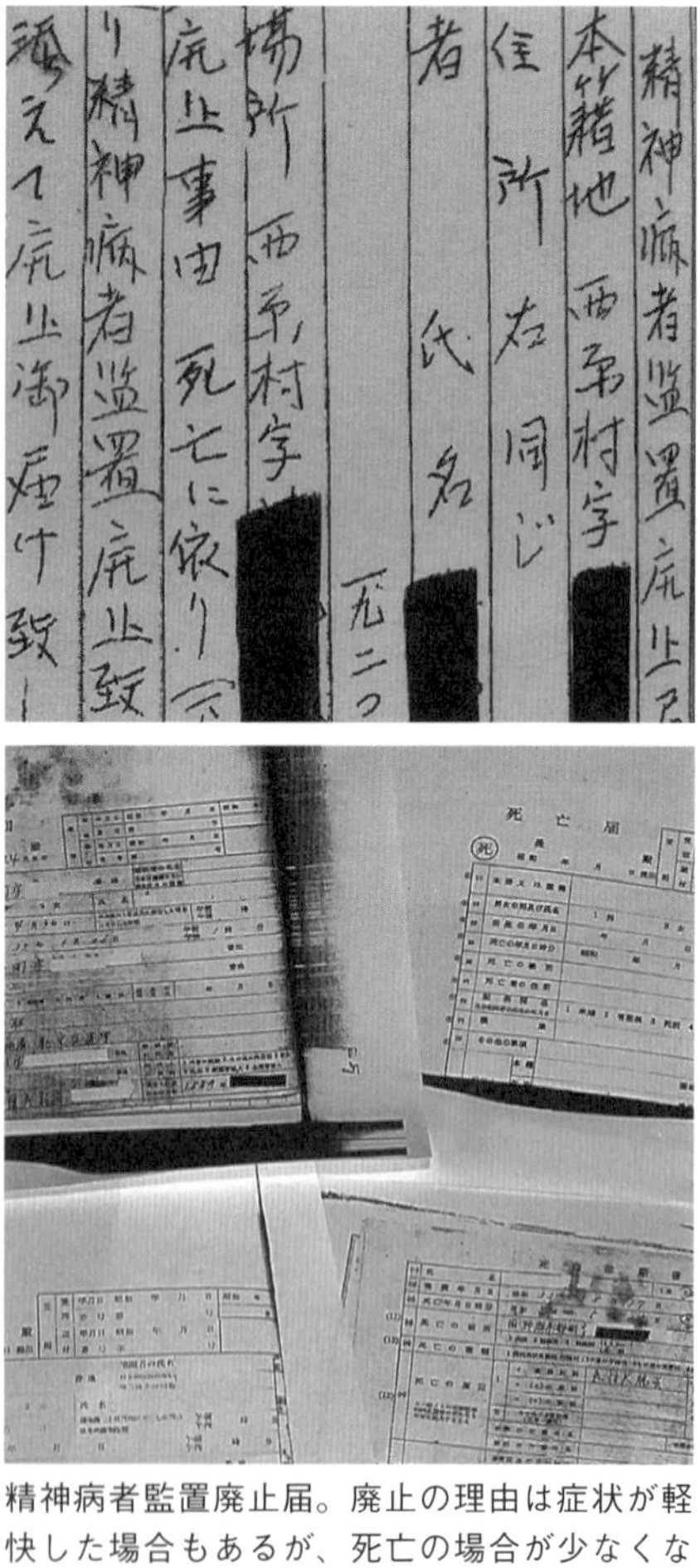
精神病者監置廃止届。廃止の理由は症状が軽快した場合もあるが、死亡の場合が少なくなかった（沖縄県公文書館所蔵）

「（Qどの辺ですか？）このさとうきび畑のところ」

二〇一七年一〇月に訪れたのだが、そこは二メートルほどに育ったさとうきびの畑だった。近くには、数軒の家が見える。叫び声をあげれば、当然、聞こえる距離だ。

「ありがとう、神父さん」と声をかけられた後、しばらくして、賢雄さんが亡くなったという話を兼城さんは聞いた。賢雄さんは、亡くなるまでの多くの時間を監置小屋で隔離されて過ごしたと思われる。

「井戸に飛び込んで死んだみたいですね。出されてたんでしょうね。母親はあまり言わないわけさ。

ただ、そうやって死んだことは知っているわけさ。あの当時、精神病院はあったというから、なんで連れて行かなかったかなあと思う」

私宅監置の許可手続きは、継続の場合は厳密なチェックは行われなかった。黙認や最初から届出されない例もあった。一度、隔離された患者が監置小屋を出るのは、容易ではなかった。

「死亡致しましたので　私宅監置を廃止」

沖縄県公文書館に残る私宅監置の届出資料を見ると、亡くなることでしか、監置所を出られなかった人が大勢いたことが分かる。

岡庭武さんの写真を頼りに、私宅監置された当事者のその後を取材したところ、五〇～六〇代で亡くなった人が複数いた。私宅監置がもたらした結果ではないかと思う。いかに心身にダメージを与える措置だったのか。彼らは隔離され、尊厳を傷つけられることによって、寿命も縮められたのだ。

井戸に飛び込んだ賢雄さんは、自分の前途に希望を見出せなかったのではないだろうか。賢雄さんにとって、自殺が唯一の解放の道と考えたとすれば、私宅監置という社会制度によって殺されたとも言える。

地域で生きることを否定され、命を壊され続けた人生。闇の中で賢雄さんが何度もあげた悲鳴のような叫び。それに応えたのは、兼城さんが奏でたギターだけだったのだろうか。

「井戸は、きび畑の真ん中へん。やっぱり危ないですからね、埋めてしまったと思います」

兼城さんは、畑の脇に停めた車から降りようとしなかった。緊張気味の表情。近隣住民に見られたくないのだという。「親戚に嫌われていて、この辺りには近寄らないように言われている」と兼城さん。

親戚とは絶縁状態で、結婚式などにも呼ばれないという。車から降りて住民に見られると、自分がここにやって来たことが、ばれてしまうというのだ。

その日は取材に協力して小屋のあった場所を教えてくれたのだが、この地域を訪れるのは、実は一五年ぶりとのことだった。

「来るなと、親戚から。あんたのためだよって。（Q今、来てみてどんな思い？）やっぱり、懐かしさはあるね、ふるさとは。こっちがふるさとだから」

ふるさとに立ち寄ることすら、兼城さんにとっては並大抵のことではなかった。彼もまた、地域から排除され続けていたひとりだったと言える。トラブルもいろいろとあったようで、親戚の側からすれば、それが兼城さんのためと本当に考えているに違いない。

たとえ〝トラブルメーカー〟であっても、なんとかして共に生きていこうと模索するのではなく、その人を排除して地域の安寧を図ろうとする意識は、私宅監置の時代と変わることなく、現在まで続いているのである。

6 ジュンさん（竹富島）

✺誰の子か？

ＴＢＳの吉永春子さんが一九七二年に取材し、放送された番組「生きていた座敷牢」の中に、直前まで私宅監置されていた男性が映っている。

若い女性の透き通るような声でうたわれるトゥバラーマ（愛する男性を想う歌）に乗せて、ナレーションが次のように流れる。

「目に染みるような白い屋根瓦。サンゴ礁を積み上げた石垣。南国の趣を持つ竹富島」

場所は竹富島。山笠をかぶった八重山保健所職員の三木健治さんが、カメラの前を進む。

ある家の庭先で、凛々しい顔立ちの男性が目を見開き、まばたきもせず、カメラをじっと見る。不安や緊張もありそうだが、動作はゆったりしている。

「ジュン、ジュン……」と、何度も名前を呼ばれるが、彼はひと言も応答しない。

ナレーションは、「高校二年の時に発病して以来、一〇数年間、私宅監置所に入っていた」と説

「ジュン」と呼ばれた男性。TBS「生きていた座敷牢」（1972年5月10日放送）より

明する。「幸か不幸か、その監置所は、去年の台風で壊されました」と続く。

ジュンさんが外に出ていたのは、調子が良くなったからではなく、台風による偶発的なものだった。しかし、映像を見る限り、彼は非常に落ち着いていて、ずっとそうやって暮らしてきたかのようだ。私宅監置する必要があったのか、と疑問を覚えずにはいられない。

放送時点で、彼は二〇代後半と推察される。ジュンさんと歳が近い竹富島の住民四人に、VTRを見てもらった。消息が分かるのではと考えたからだ。竹富島で生まれ育ち、住職をされている上《うえ》勢《せ》頭《ど》同子《ともこ》さん（一九四七年生まれ）が、集めてくださった。皆、ジュンさんより五〜六歳ほど下のはずだ。

「島で育ってない人だ、顔が」「誰の子か？　ジュン、ジュンと言ってるけど」「石垣から来たか、那覇から来たか、分からんけど」「親が連れて来たんだろう。（Q親は竹富に関係があった？）竹富の人だからではないか」「竹富で子ども時代を過ごした人ではないね」「転校してきたら、分かるわけさ。この子は、転校もしてきてないはず」「学校の学芸会とか運動会とか、みんな、誰の子どもかって見てるからね。分からん子はいない」

何度も見てもらったのだが、ジュンさんの顔は、四人とも全く見覚えがないという。竹富島では、学校や島の行事で誰もが必ず顔を合わせるため、島育ちならば絶対に分かると、揃って話された。

彼はおそらく、島外で生まれ育ち、発病した高校二年の時、親に連れられて島に来た。そしてすぐに隔離されていれば、島の人たちがジュンさんを見る機会はなかったと思われる。親は、カメラを意識したのだろう、VTRには一切写っていない。

竹富島で民生委員を長く務めた松竹昇助さん（一九二九年生まれ）にも、VTRを見てもらった。

「全然、分からんな。島の人だったら、だいたい分かるけど。ジュンイチはいたけど、ジュンって名前は、知らないな。（Qジュンイチさんでは？）全然違う。この顔が全然、誰かな」

やはり、見覚えがないという。

ジュンさんの映像を見て話し合う島の住民（2017年12月）

✺島社会のもう一つの現実

ＶＴＲによれば、ジュンさんは台風で小屋が壊されるまでの一〇数年、集まってくれた四人や松竹さんと同じ竹富島で生活していた。

一九七二年五月の竹富島の人口は、一二八世帯三一六人。現在とさほど変わらない。誰もが顔と名前が分かる大家族のような島である。そこに、一〇年以上も、誰にも知られずに隔離されていた二〇代の男性がいたのである。

「小さい島だからこそ、分からないことはいっぱいあるんですよ。本当に知らさないようにしてる人がいるから。すぐ港から来て、収容（私宅監置）したら、絶対分からない。親が隠そうと思って連れて来た場合は、もう、分からない」

上勢頭同子さんは、これもまた島の一つの現実だと語り、ため息をついた。

「歌は、私の歌ですよ。流れてる歌は」

集まった四人の一人、新田初子《にったはつこ》さん（一九四二年生まれ）がそう言った。ＶＴＲの竹富島のシーンの初め、バックで流れるトゥバラーマは、なんと新田さんの歌声だという。

新田「トゥバラーマが流れてるでしょ、最初に」

上勢頭「バックミュージック、彼女が歌ってる（笑）」

新田「私の歌ですよ。歌を聞いたら、自分の歌だねえと思ってるよ」

原「ＴＢＳのチームが来た時に、ご協力なさったんですか？」
新田「と思いますよ。毎日ね、いろんな人が来ていて」
上勢頭「いちいち覚えられん」
新田さんの家は当時、観光業を始めていて、様々な客が訪れていた。頼まれると、島の歌をよく歌っていたという。
あらためてＶＴＲを見ると、愛しい男性に向けられたトゥバラーマが、一層、悲哀を帯びて聞こえてくる。

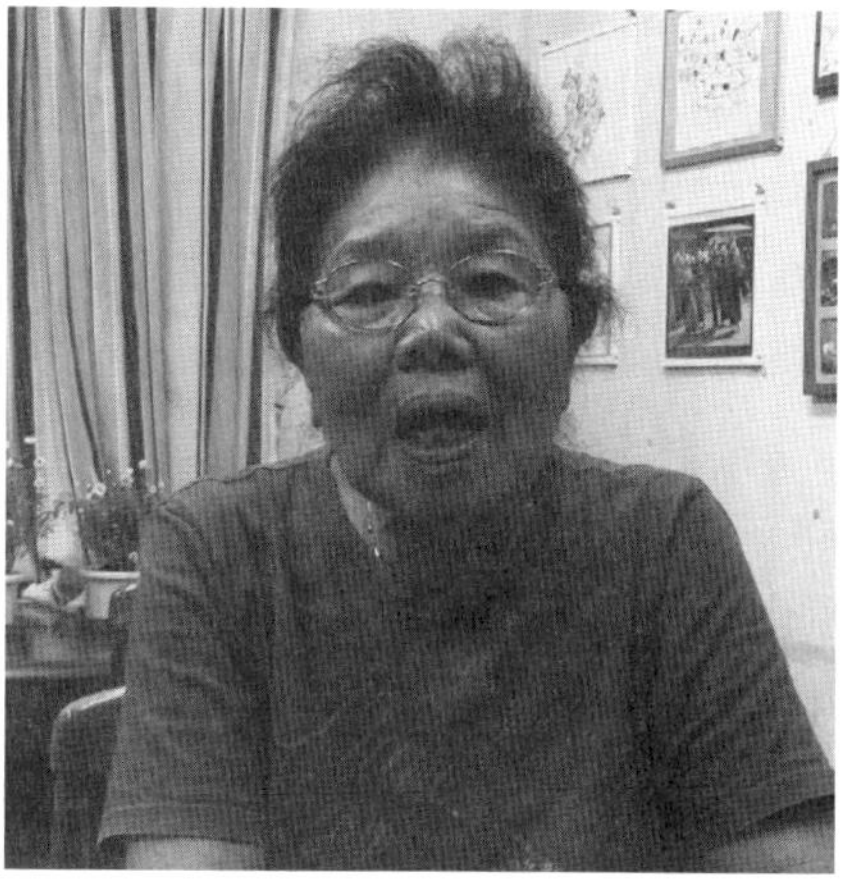
トゥバラーマを歌う新田初子さん。「恋歌はね、いつ歌ってもいいですね」と美声を披露してくれた

「月と太陽とやゆぬ道通りょる　トバラーマ心んぴとぅ道ありたぼり」（月と太陽とは同じ道を通られる　あなたの心もひとつ道でありますように）

ジュンさんのように隔離され、闇に生きるしかなかった犠牲者と島の人びととの間には、ひとつ道を歩むにはあまりにも深い隔たりがあった。その隔たりは現在、どれほど縮まったのだろうか。

生きていれば七〇代後半くらい。ジュンさんが受けた隔離の傷が少しでも癒され、穏やかに、平安のうちに暮らしていることを願うばかりだ。

7 善市《ぜんいち》さん（竹富島）

✳長崎の鐘

同じ竹富島で、島の住民に隔離の事実を知られていた人もいる。

善市さん（一九三三年生まれ）。島生まれの島育ちであり、隠し通すのは難しかったのかもしれない。写真の井戸は、今もある。この家に住んでいる実の兄に確認したので間違いない。その兄は、取材を頑なに拒んだ。三度、訪問したのだが、一度目は、私はにらみつけられて、話すことは何もないと言われた。二度目、二〇分程度だが、話を聞くことができた。三度目は、話はないと怒鳴られたが、写真を撮ることだけは認めてくれた。

何度も訪問され、家族の過去について聞かれたことで、彼は傷つき、つらい思いをしたに違いない。心の奥にしまい込んできた傷を、なぜ今、露わにしなければならないのか、彼は納得できなかったのだろう。心に届く言葉を持ち得なかった私の力不足である。

その兄がぽろっと漏らした言葉が、引っかかっている。「弟の私宅監置は、周囲が望んだためだ」

奥の小屋で善市さんが私宅監置されていた。岡庭武さんのメモによれば、竹富島、監置４年（撮影時）

という言葉だ。近所の住民との間で、何か摩擦があったのだろうか。

　年配の人の多くが、善市さんが隔離されていたことを知っているが、それを取材者に話すとなると話は別だ。

　互いに困ったことがあれば助け合い、家族のように濃厚に結びついているのが、島の人間関係である。しかし、私宅監置は、家族にとっても地域にとっても、〝恥〟のように考えられており、よそから突然やって来た取材者に、それを話したくないのは自然な感情だろう。にも関わらず、何名かが話を聞かせてくださったことに、感謝せずにはいられない。

　喜宝院というお寺の住職、上勢頭《うえせど》同子《ともこ》さんもその一人だ。

「こういう風に、この人の話題が出てくるというのはね。やっぱり沙汰が残ることは、彼が間違いなく生きていたという証なんです。人間、沙汰が出な

善市さんの監置小屋があった場所（2018 年 4 月）

証言する上勢頭同子さん。善市さんがヤギの草刈りの帰り、「長崎の鐘」を歌いながら歩いていた道で

いというのは寂しい。名前が出るということは、この人もこの世にしっかりと息づかれていた人なんだなあという。そんな思いで懐かしいです。でも、なんで今頃、カナーの話が出るのかねって、非常に今日は不思議でたまらんです」

善市さんは、島ではカナー（加那）と呼ばれていた。軽い知的障害があったようだ。ヤギの草刈りをした帰り道、透き通るような声で歌って歩いていたのを、上勢頭さんはよく覚えている。彼女が中学生だった一九六〇年頃のことだ。

「カナーの声はね、私はずーっと、今でも耳に残ってます。夕方、畑から草を刈りて、家に向かうわけですけど、あの時に、長崎の鐘が鳴るを、本当に気持ちよく、わーっと、歌うんですね。その声がとってもきれいなので、すごいなあと。ながさきーのかねーが鳴るー、カンカンカンと自分で鐘の音も歌うんですよ。別の歌は全く聞いた覚えがない。いつも長崎の鐘が鳴るをずーっと、歌ってました」

「長崎の鐘」は、一九四九年にヒットした歌謡曲で、長崎原爆と平和希求の歌として知られる。一九五一年の第一回NHK紅白歌合戦でも、男性オペラ歌手の藤原義江が大トリで歌った。善市さん（加那）はラジオか何かでこの歌を覚え、集落から北に伸びる一本道を、身体を揺らしながら気持ちよさそうに歌っていたという。

✵アシザファーシ

母家の裏の小屋に私宅監置されてからは、その歌声を上勢頭さんが聞くことはなくなった。

「（Q小屋をご覧になったのは中学生？）はい。アシザファーシされてるよって聞いて。覗きに行ったんですけど。怖かったもん。わーって、中から脅かすからよ。いや、誰もお父さんお母さんがいない時に家に行って、その小屋を覗きに。子ども心にですね」

アシザというのは、下駄《げた》のことだという。ファーシは、固定して動けなくするという意味だろうか。要するに、足かせである。監置小屋は木づくりで、壊そうと思えば壊せるものだったからだろう。

善市さんは、足を拘束されて閉じ込められていた。

「一枚の板に穴がくりぬかれて、足首が入ってました。（Q動けない？）動けないように、だから歩けないんですよ。アシザファーシという言葉を使ってましたね。（Q小屋の中で？）はい。私らが来ると、わーって。近寄るなっていう意味だったと思うんですけど。だから表情って言ったら、やっぱり自分は見世物じゃないぞと、何しに来たかというような。（Q子ども心にどんな気持ちに？）いやあ、本当にこの人の明るさ、ヤギの草を刈りながらの、このおおらかさは完全に消えて、なんか囚人になったというか、そういう感じがありました」

善市さんが隔離拘束されたきっかけについて、上勢頭さんは次のように記憶している。

「女の子にちょっと、いたずらをして。それで、これは危ないということで。住民が、危険だからということで。女の子がそこの家の前を通れないと。島ではもう、外に出すなということで。日頃のカナーはおとなしい人でした。いつもすれ違うと、道の端をしゅっしゅっと、下を向いて歩いていくような人でしたから。そういう目覚めがあって、男としての。それを周囲の人が言って、注意して反省させるということができなかったのが、非常に悲しい。私たちもいろんな過ち、犯してしまいますけど、でもそれを反省、ね、したらっていう。先輩たちが、一気にやれやれ、もう縛っておけっていうだけで。地域の人びとが、非常に冷たかったような気がするわけ」

善市さんのものと思われる私宅監置の公文書が残っている。一九六〇年三月に出された診断書には、白痴と病名の欄に書かれている。一五歳の頃、熱発したのがきっかけで、ほとんど言葉を発しなくなり、不眠も始まったという。私宅監置が始まったのは、一九六〇年四月。二七歳の時だ。八重山保健所が琉球政府社会局長宛てに出した監置許可願に、こう書かれている。

「最近は独りで鎌を持ち草刈りに行く時等、女を見ると発作的に成人、子供の区別なく追い回し（略）暴力、腕力、脅迫等を振った事、四、五回有る旨、駐在員より聞く」

「隣近所の話、鎌を突き付けて女子供に脅迫をなすようになったので、今後どう言う事が起るか思案などで監置を希望している」

公文書を見る限り、何らかのトラブルはあったようだが、監置する側の主張しか書かれていないことは留意しなければならない。今後何かあったら大変だと、家族や近所の人が心配したというのが実態ではなかろうか。

民生委員を長く務め、地域の事情に詳しい松竹昇助さんにも聞いた。

「後妻が、善市を育てたんです。他人に害もしない。だけど、体ががっちりやってたんですよ。それで、年頃になってますから、そろそろもう、女の子なんか捕まえてなんかやったら大変だからってことで。（Q暴れるようなことは？）全然なかった。後妻のおばさんが、子どももできて大きくなりかけてるから、彼らは一緒に置いておかれんとか。問題になるからということで。（Q今おっしゃった女の子にというのは、何かそのようなことがあったからですか？）たぶん、おばさんがこんな女の子に手出したら大変なことになるからと始まってたから。相当心配したんじゃないかな」

何があったのか、なかったのか、定かではない。大きなトラブルになる可能性を周りが危惧《きぐ》し、予防的に監禁したのかもしれない。

その後、善市さんは監置小屋を出て八重山病院精神科に入院した。看護師として働いていた仲里

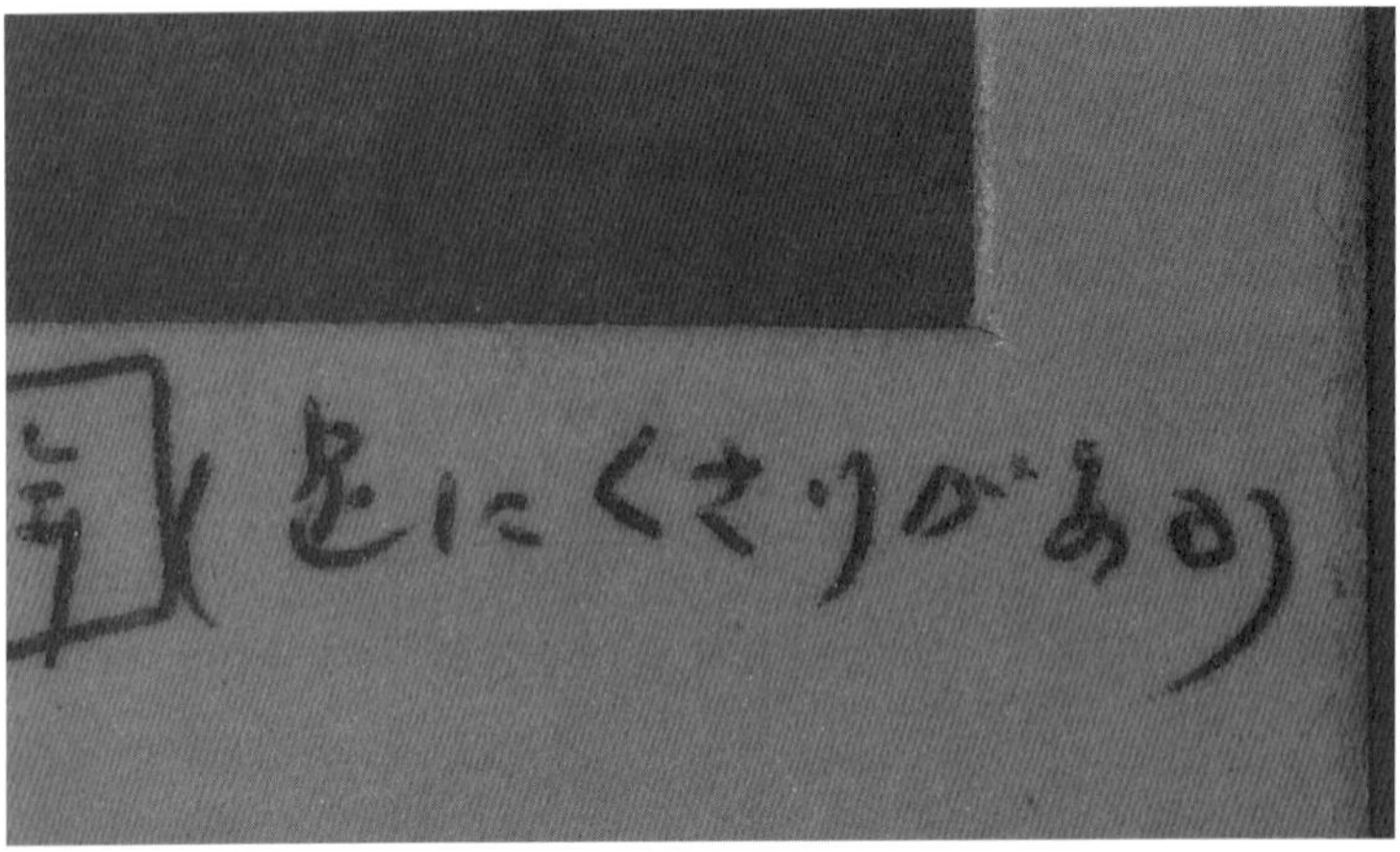

岡庭武さんの撮影メモ。岡庭さんはポジフィルムに患者の名前や様子、監置年数、居住地域などを短くメモしていた

栄光さんが、善市さんを覚えていた。

「言うことは聞くけど、自分から話はしない。言われたら何でもやりましたけど。知的（障害）があった。八重山病院から、施設に移っていった。特に他人に危害を加えるわけでもないし、迷惑かけるわけでもないから。向こうでも大丈夫ということで」

善市さんは、石垣市内の施設に移ることになった。

✺拘束の実態

私宅監置の現場では、鎖で縛られていた例が決して少なくない。岡庭武さんも、複数例を確認している。

「鎖はありましたよ。那覇の町なかにも、そういう家はありましたね。家が密集してますでしょ。だから、小屋を作るスペースはないし、結局、柱に鎖で縛りつけておくということなんでしょうね」

名護保健所の職員だった玉城《たまき》勝利《かつとし》さんは、ある離島でそれを目の当たりにした。

「大きな松の木にですね、チェーンを両方にかけて、縛られたり。足をですね。暴れると怖いものですから。抵抗できないような形で。つながれてるんですよ。（Qその状態で一日じゅう？）はい、ずーっと。これで。措置入院されるまで。されるまでと言っても、措置されないですから。もう、一生こういう所に、こういう足車を作って、生かされてるわけですよね」

措置入院というのは、自傷他害の恐れがある場合など、本人の意思に関係なく行政長の権限と責任で強制入院させる制度のこと。公費負担で行われる。そのため、入院が望ましいと判断すると、玉城さんら保健所職員は、まず措置入院を申請した。家族が入院費を負担せずに済むからだ。しかし、

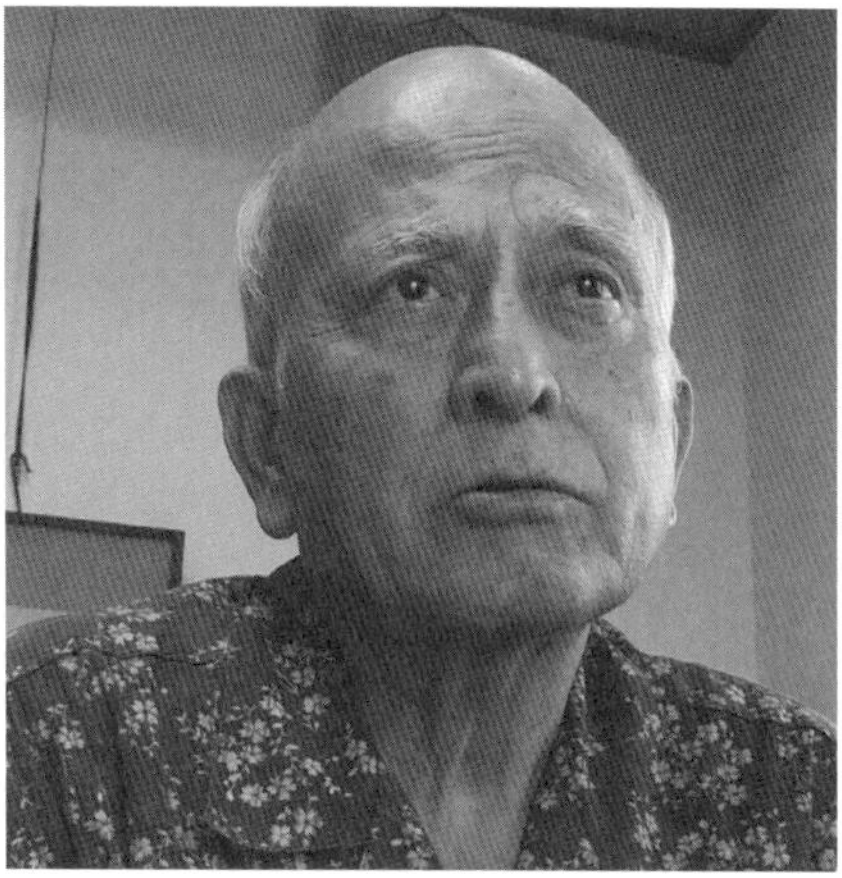

証言する玉城勝利さん

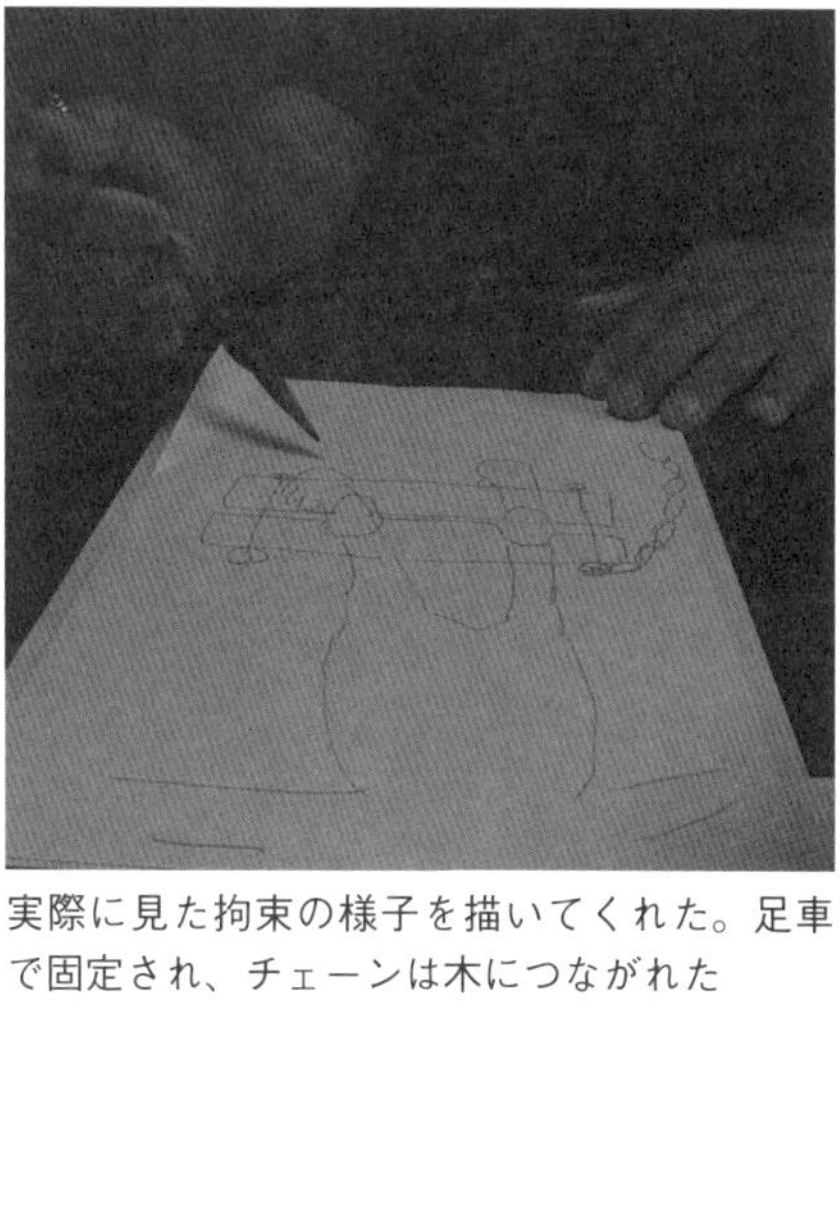

実際に見た拘束の様子を描いてくれた。足車で固定され、チェーンは木につながれた

病床不足や予算不足で、措置入院は簡単には認められなかった。玉城さんは、何度悔しい思いをしたか分からないという。

「措置入院の手続きをするのですが、結局は措置されていかない。あの当時、医療保険制度が敷かれない時で、入院費がすごく大変で。田畑を売り払ったり、窮地に追いやられた親たちの状況を見ると、措置してもらいたいという気持ちが働く。大変な葛藤があってですね。豚小屋よりも悪い状態ですよ。大小便は垂れ流しで。牢獄みたいな状態。チェーンで縛られたり、木で両方からガチャっとやって、足車。ボルトで止められて。そのまま本人たちは眠るわけです。絶対的に措置されるべきと思いましたが、措置されない。割り切ればいいんですけど、若いものですから、えらいショックを受けてしまって」

玉城さんは、まだ学校を出たばかりの一九歳だった。社会人として初めての仕事が、保健所での精神保健だった。家族から私宅監置の申請があると、実態を把握するため、患者の家を訪問した。すると、いきなり包丁を手に追いかけられることもあったという。

「オートバイで調査しに行くわけですよね。エンジンをかけたまま。もし、凶暴な状況が発生したら、逃げられるように。それが日常茶飯事でしたから。自分は仕事をしなくちゃいけない、使命感があって。気持ちは、落ち着けって言い聞かせて。でも威嚇《いかく》が始まると、もう怖くなって、逃げるわけですよ。措置申請は通らない、現場は命がけ。私自身も、一緒に気が狂いそうになるというんですかね。高校を卒業したばかりの人間が、そういう大変な仕事をね、預けられること自体が、耐えられなかったんです」

真面目に取り組んだ玉城さんだからこそ、理想と現実のギャップに耐えられなかった。このままでは自分もおかしくなってしまうと感じ、結局、三年で退職。臨床検査技師になるため、学校に入り直すこととなった。

✺極楽浄土で

時代はさかのぼるが、沖縄戦当時、名護の屋部という集落で、あるペルー帰りの人が私宅監置されていた。玉城勝利さんが、大先輩の話を聴いてほしいと比嘉和子さん（一九二四年生まれ）を紹介して下さった。

「ペルーの言葉でしょうね、分からない言葉でわーわーやってたけど。ペルー帰りの。これも、ロウヤ込（ぐ）みしてた（私宅監置）。戦争になってまで、ずーっと部屋に押しこめて。戦後、家族みんな帰ってきたら、行方が分からんと言って。（**Q戦争の間も、ロウヤ込みされてた？**）そう。家族はみんな山に逃げた。（**Q本人だけ置いて？**）ペルー帰りの人だけを、ロウヤ込みさせて。アメリカーは親切だから、病院に連れて行ったんじゃないかと思うさ。アメリカーが連れて行ったのか、本人が逃げて行ったのか、やられたのか、死んだのか、分からないと言ってた。戦争中のことだけど」

沖縄戦では、病人を置き去りにするのは、各地で見られたことかもしれない。飢餓地獄だった北部の山中に逃げるのも、命がけだった。とはいえ、沖縄戦のさなか、私宅監置されたまま放置され、おそらく殺されていった精神障害者がいたことは、記録されるべきではないだろうか。

竹富島で私宅監置され、その後、八重山病院に入院した善市さん（加那）。施設に移る時は、竹富島で民生委員をしていた松竹昇助さんが尽力した。

「僕が施設に入れました。（Q施設に行ってから、何か言葉を交わしたご記憶は？）別に、施設に行ってからは、まるっきり島に帰ってこないから、全然。あれからはカナーのこと、分からんけど。僕は民生委員で、見に行くと、今はプログラムの途中だから顔を出さないでくださいとか。二、三回行ってるけど。真面目に結構、楽しくやってて、言うことはよく聞くと（施設の人が）言ってました」

松竹さんは、島を出てからの善市さんのことを、あまり覚えていない。記憶に刻まれている善市さんは、あくまでも島で暮らしていた頃の姿だ。素直でおとなしかったが、自由奔放な性格だったという。

「道で出会う時とか、僕らも、おい、カナー、どこにか？　どこに行くのって、しょっちゅう声かけてるから。草刈りは、お父さんと一緒に行けば仕事やるんだけど、もう行かんと思ったら、自分ひとりで遊びに行って。知らん顔やってるから。自由放題だった。こっそり畑から逃げて帰ったりなんか、よくやったんじゃない？（笑）」

亡くなったのは、二〇一二年四月四日。八〇歳だった。善市さんは、骨になって生まれ故郷に戻った。島で善市さんを供養したのは、住職の上勢頭同子さんだ。頭に浮かんだのは、長崎の鐘をうたう姿だったという。

「あの顔は、生き生きしてましたよ。晴れ晴れと、青空だったと思うんです。カンカンカンって歌って、またさーっと歩くんです。これが自分の世界だったんじゃないかな。幸せな時間だったなと私は思います。自分は自由だという、カナーの姿を思い出します。今頃、カナーの話をやるとは夢みたいだね。歴史をどんな風に子どもたちに語り継ぐかというのは、ちょっと悩みがあるんですよ、うん。悪いこととして、語り継ぐってのは嫌でしょ、家の人も。でも、この人の声の美しさとか、ヤギの草を刈りながら、自分の世界を生き抜いた姿は、語り継いでいけると思うんですよ」

迦陵頻伽を模したもの。上勢頭同子さんが住職を務める喜宝院に掛けられていた

善市さんの美声を決して忘れまいと、上勢頭さんは、法名に「釋伽善」とつけた。伽の字は、「迦陵頻伽（かりょうびんが）」から取った。迦陵頻伽は、上半身が人で、下半身が鳥という想像上の生き物。極楽浄土に住み、比類なき美声だという。

美しい声の持ち主、善市さん。「長崎の鐘」を島に響かせていた善市さん。魂の歌声が、今も極楽浄土に響きわたり、永遠の安らぎが善市さんに与えられていることを願う。

8 金太郎《きんたろう》さん（宮古群島）

✵羽交い絞めの果てに

沖縄市にある障害者のための作業所「ユニティ」のメンバーに、岡庭武さんが撮った私宅監置の写真を見てもらった。

「（Q印象に残る写真は？）これです（金太郎さんの写真）。（Qどんなところが？）どう見たって囚人、罪人じゃないですか、扱いが」

彼らは、同じように精神疾患を持つ自分たちは、もしこの時代に生まれていたら、同様に私宅監置されていたかもしれないと語った。

「薬も与えられない、ただ、閉じ込められるだけっていうのは、考えられないっていうか。耐えられんな、たぶん、自分」

「全くひとりで閉じ込められてる状況だと、良くなりようがない。悪循環だと思いますね。やっぱり、地獄にいるような感じだと思うんですよ」

8　金太郎さん（宮古群島）

金太郎さん。1967 年 9 月、岡庭武さん撮影

金太郎さん。おとぎ話に出てくるような名前だが、〝座敷牢〟に閉じ込められていたのは現実の話。表情の穏やかさが、逆に苦悩をにじませる。

岡庭さんのメモに、金太郎さんが住んでいた島の名前が書かれている。人口六〇〇人ほど（二〇一八年）の小さな離島だ。宮古島の中心部から車で約三〇分、現在は橋で結ばれている。

二〇一七年一一月、島の高齢者デイケアを訪ねた。古くから住んでいる人なら、金太郎さんを知っているだろうと思ったのだ。予想に反し、多くの利用者が知らなかった。職員は年齢が下がるため、もちろん分からない。特徴的な名前なので、何らかの接点があれば、記憶に残っているはずだ。

何人か聞き取りを進めると、ようやくひとり、知っているという人が見つかった。九八歳になる平良《たいら》寛雄《かんゆう》さん（一九二〇年生まれ）。昔、一緒に働いたことがあるという。

金太郎さんの監置室を作るのを手伝ったと証言する平良寛雄さん

「あれ（金太郎さん）は、高校なんかも出ていたはずよ。漁業組合にもおったんじゃないかな。鰹節工場におったんだからな。頭の鋭い人だった」

理事長の前泊《まえどまり》博美《ひろみ》さん（一九五三年生まれ）が通訳してくれなければ全く分からない、訛りの強い島言葉。寛雄さんによれば、金太郎さんは水産高校を出た優秀な人で、仕事もよくこなす人だった。

そして、寛雄さんは茶飲み話でもするように、驚くべきことをあっけらかんと話した。金太郎さんを私宅監置する部屋を、船長をしていた義兄（金太郎さんの妻の兄）と二人で作ったというのだ。

寛雄「うちなんかが作っておいた部屋、なくなったさ。自分と船長とで作った」

前泊「船長とおじいと二人で、金太郎さんを閉じ込める場所を作ったの？」

寛雄「そうだよ。暴れるので、部屋をつくる時も縛っておいて」

金太郎さんは、家族に対して暴言や暴力を行い、私宅監置されることになったという。近所の人は怖がって、近寄らなかったようだ。金太郎さんは体格も良く、力の強い人だった。隔離されたくなかったのだろう、必死で抵抗し、暴れる金太郎さんを、寛雄さんが後ろから羽交い絞めにし、義兄が手足を縛ったという。動けない状態にしてから部屋（座敷牢）を作り、押し込んだ。制圧と隔離、あきらめ。それ以外、周囲は考えようとしなかった。

戦後沖縄における私宅監置は、琉球政府行政主席の決裁で行われた。保健所が申請書を作成。医師の診断書が添えられて、市町村から琉球政府に上げられた。警察とも密接に連携しており、金太郎さんが隔離される時も、警察の世話になったという。母家と別棟ではなく、家の裏側に設けられた小部屋での隔離だった。

前泊「どのぐらいの大きさだった？」

寛雄「畳の一枚分、この人が寝る分だけ。ご飯は、奥さんが四角い口から入れていた」

前泊「便所はこの部屋の中にそのまま？」

寛雄「部屋の中に作ってあった。衛生が悪い。仕方がないさ」

排せつは床に開けた穴にし、ふたを閉めるつくりだった。仕切りもあったようだ。状態が落ち着いてからは、酒やタバコも与えられていたという。

島の有力者が、鰹節の加工工場など様々な事業を行っており、金太郎さんはそれを手伝っていた。その事業がうまくいかなくなって、金太郎さんは仕事を失った。生活のリズムが狂ったのだろうか、発病したようだ。その時、五〇歳に達していた。

病気による混乱で暴力が見られた金太郎さんだが、一時的なものだったと思われる。数年後、宮古病院へ入院を勧めるため、医師と彼の家を訪れた看護師の島尻清さんは、全く違う印象を記憶している。

「行ったら、ニコニコしながら、会ったこともないのにいろいろ話しかけてきて。白いひげが生えていてね。体の調子はどうですかって問いかけにも、元気よと言って。まともに答えていましたよ。だけど、外に出られんさとか言ってね。なんでそこにいるの？と聞いて、分からんと言っていた。本人も、閉じ込められてる理由がよく分からなかったのかな。まあ、いろんな事情があったんだろうけど、何気なく、閉じ込めておく必要があるの？　と（家族に）聞いた覚えがあるんだけど」

島尻さんには、ニコニコしている穏やかな金太郎さんの記憶しかない。一度暴力行為があると、たとえ症状が落ち着いていても、家族も地域もなかなか解放しなかった。そのまま隔離が何年も続くことが珍しくなかった。

岡庭武さんも、宮古群島で見たほかの私宅監置患者について、こう記している。

「一年前頃からほとんど寛解（回復）状態であったが、家族が発病当時の恐怖感を持ち続けていたため、出してもらえなかった。二年ぶりで扉をこじ開けさせ、外へ出し、一緒に生活するように家族に話した」

幸運にも岡庭さんの目に留まったために、その患者は外に出ることができた。

宮古病院精神科開設一〇か月後の一九六七年一二月、日本政府から派遣された蜂矢《はちや》英彦さんも、私宅監置されていた金太郎さんを診察している。その時のことを、論文にこう書いている。

「以前は名誉ある人で、八年前に持船が南洋で沈んでから狂騒状態になった。本式の座敷牢で、中は広い。数年前に出したことがあるが、あばれたので、また入れた」

彼の記述はなんとも情緒的で、論文には馴染まないようにも思える。目の前の金太郎さんの姿に、蜂矢さんがいかに驚き、不条理を感じたのかを物語っているようだ。

「浦島太郎は竜宮に三日いたと思ったら三〇〇日たっていたというが、そんな茫漠《ぼうばく》たる日々を送っているのであろう。字句通りの精神的冬眠ともいえる」

蜂矢さんが訪れた年、島の人口は四倍の約二四〇〇人だった。今は閑散とした印象だが、当時は相当な賑わいがあったと思われる。きっと、その活気と私宅監置のギャップに、蜂矢さんは理不尽を感じたのではないか。

もう一人、私宅監置されていたハルさんという女性についても、情緒的な文章を蜂矢さんは残している。

「この患者には愛人がいた。男がハンセン病になって宮古本島の南静園《なんせいえん》に入院し、それから数年後に発病したという。ある晩、海を渡ろうとして、船で助け帰され、それ以来、監禁されている。あまりにも小説的、あまりにも南島的」

✺島に戻れない家族

隔離されている金太郎さんの写真を撮った岡庭武さんが、最初に沖縄を訪れたのは一九六四年。この時、宮古地区では、一四名の私宅監置の患者が確認されている。男性一一名、女性三名だった。そのうちの一名が金太郎さんだ。

金太郎さんは、看護師の島尻清さんらが家族を説得し、座敷牢にされた小部屋から出されて、入院となった。

宮古病院精神科病棟の開設から二年ほどが経っていた。暴れて家族を困らせたかつての力は、身体の衰えからか、あきらめなのか、失われていた。

「結構、体が弱っていたんですよ、歳も歳だしさ。一般病棟の方がいいんじゃないのって話にもなったんだけど。そこら中を動きまわって、何かしたら困るということで、家族の希望で精神科に入院したと思うけどね。一年ぐらいで退院してると僕は覚えてるけど。（Q監置部屋はどうなったんですか？　その後）いや、一度行った時には、全部無かったですよ。この部屋は。きれいさっぱり改装されていましたね。（Q退院後に訪問された？）一回だけ。訪問診療ということで、先生も一緒に行って。とても元気な姿を見せてくれましたよ。だから、良かったねえ、おじいと言ったら、上等上等と言って。だいぶ歳いったおじいだったからね、五年後くらいには亡くなったと聞きましたね」

退院してからも、出歩くこともなく、家の中でじっとしていたようだと、島尻清さんは語る。

監置小屋を作るのを手伝った平良寛雄さんによれば、金太郎さんには子どもがいた。長男は進さんと言って、父親に似てがっちりした体形だった。

寛雄「子どもなんか、逃げて。高校に行って、本土に行って、いないさ」

前泊「卒業と同時に逃げて、島に戻らなかったたって」

原「子どもたちが？」

証言する前泊博美さん

前泊「子どもたちは」

寛雄「おばあが一人おった。おばあと奥さんだけだった」

原「子どもさんとしては、ある意味、島にいられなかった？」

前泊「いられなかった。いられないで、みんな出ていったってことですね。それっきり、戻らない。奥さんとお母さんが、二人だけになっていたって」

進さんら子どもたちが島を出た時は、金太郎さんはまだ発病前で、盛んに仕事をしていた頃と思われる。

豊作と豊漁を祈る島最大の祭り。はっぴを着た男たちが踊りまわる

しかし、その後、父親が私宅監置されたことは、当然、耳にしたはずだ。その後、子どもたちが、島に戻りづらい気持ちになったのは想像に難くない。帰島したとしても、ひっそりと隠れるようにではなかったか。

島で高齢者デイケアを運営する前泊博美理事長は、歳の近い進さんを覚えている。しかし、彼が島を出たきり、見た覚えはないという。

「島最大の行事の時は、たくさんの人たちが戻って来るんですよね。でも私は一度も、その家族、特に私の年齢に近い男性、お兄さんなんですけど（進さん）、彼を見たってのが無いんですよ。金太郎さんの子どもたちですね。そういう過去を引きずっているってのが、すごく大変だなあと思います」

この島で生まれ育った前泊さんは、「島は、つらい時、苦しい時に支えてくれる心の拠り所だ」と話す。

「（Q島を去ることでしか、自分の人生をつくれなかった人たちが、金太郎さんの家族にいるってこと、島の人間としてどう感じる?）悔しいですね。島全体が大家族のような島なので。（Q生まれた島のことを忘れるわけがないですよね?）ないです、ないです。戻ってきたいですよ。自分が生まれ育った島っていうのが。心の拠り所を奪っちゃう。悲しいですね。戻りたくても、戻れないわけですから。つらいと思いますよ」

前泊さんは涙をこぼしながら、そう語った。金太郎さんの息子、進さんたちを島の祭りで見かけない理由が、私宅監置のこの取材を通して初めて分かったという。

大家族のような島人たち。その輪に入れない人がいる。私宅監置の制度によって、島から排除された人である。それは、当事者だけではない。家族もまた、〝島に戻りづらい〟〝戻れない〟という形で、島人たちの輪からはじかれていた。

9 峯栄《ほうえい》さん（名護）

✺英語の先生

一九七一年六月に作成された名護保健所の内部資料に、六名の私宅監置患者のリストがある。監置された患者の名前と自宅の住所、保護者の名前などが記されている。私は一軒ずつその住所を訪ね、消息を尋ねた。六人のうち、四人は既に亡くなっていることが判明した。一人は存命で、「はじめに」で紹介したノリ子さん。あと一人は消息が分からなかった。ちなみに、受診しておらず、琉球政府の許可手続きが行われていない黙認状態の患者が二人いた。

名護で私宅監置されていた峯栄さん（一九二九年生まれ）も、このリストのひとり。許可手続きは一九六三年に行われており、監置八年と書かれている。これは更新の手続きと思われ、実際の監置年数はさらに長い。

峯栄さんは、三人兄弟の末っ子だった。一番上の兄の娘、峯栄さんの姪の綾子さん（一九四五年生まれ）に、話を聞くことができた。ことし（二〇一八年）の二月二五日、三三回忌を行ったばかりとのことだった。

「（Q小屋みたいなところに、閉じ込められていた？）はい、そうです。おうちの隣に小屋があってですね。ロウヤ、ロウヤって言ってたんですけども。そこにいました。私が中学一、二年ぐらいでしたかね。母（綾子さんの母）がいつも、食事を持って行っているのは、よく見てました」

峯栄さんは、名護町（現在の名護市）にあった高等学校を卒業し、英語の教師になった。しかし、通訳の仕事をしたいと教師を辞め、英語学校に行った。「英語の辞典を丸一冊暗記している」と評判だったという。その後、米軍基地で働き始めた後に、病気になった。綾子さんが聞いた話では、米兵とのトラブルが原因だった。

「アメリカーに叩かれてね。頭なんか、バンナイ（何度も）打たれたりして、大変だったということで。それでおかしくなったと母が言ってました。父はそういうことをひと言も話しませんでしたね。峯栄叔父さんのことは、母から聞きました」

戦後、米軍は、沖縄で精神保健に力を入れなかっただけでなく、暴力やそれによる精神的ダメージを住民に与えていた。峯栄さんの発病にも、その影響があった。

綾子さんは、ブロック小屋の中で峯栄さんが暴れているのを見ている。しかし、子どもだったためか、警戒心などは全く感じなかったという。ご飯を差し入れる小窓から、よく話をした。

「いつも叔父さん叔父さんして、行ってましたから。母がね、叔父さんは英語が得意だって常々言ってましたので、中学の時、私はまだ辞典を買ってなかったんですね。それで、単語を紙に書いて叔父さんに渡して、これ、意味は何?とか、よく聞いてました。(Q入っている峯栄さんに?) そう、入っている時ですよ。この単語の発音お願いとかね。(Q峯栄さんはなんと)解答をちゃんと書いて、渡してくれましたよ。私は叔父さんから習ってるもんですから、学校では英語はもうベテランなんですよ。(Qよくできた?) そうです。だから英語は得意でした」

綾子さんの記憶では、たとえ監置小屋にいても、峯栄さんは教養のある立派な叔父だった。

「(Q何か症状があった?) ああ、それはありましたよ。ロウヤの中に入ってる時も、大きな声を出して、暴れてる時もありました。それで、入れたんだろうと思いますけど。ただ、精神病というんですか、それについて、私はよく知らなかったんですかね。でも、紳士的っていうのか、教養がある感じに見えましたよ。やっぱり先生ですよ」

当時は、閉じ込められていることを不思議にも思わなかったという。ただ、小屋の中で排せつをし、そこで寝起きするのを見て、かわいそうには思っていた。

「逃げたりとか、人に迷惑かけたりっていう懸念から、外に出さない。あの時分はね、頭がおかしくなったら、こんななるんだ、ロウヤに入るんだってね。それ以上のことは、考えきれなかったです。そういう空気だったんでしょうね、親も、周りの人たちも」

米軍基地で働いていた時、峯栄さんには婚約者がいた。しかし、病気になったことで破談になった。それが残念でならないと、綾子さんは語った。

「二〇代から三〇代、青春、人生のいい時期ですよね。結婚して子どもができて、幸せな家庭生活。

そういった時期を、ロウヤに入って、失くしているっていったらおかしいけど、無いわけですからね。うーん。本当に、胸が詰まりますね」

✺入院による断絶

峯栄さんはその後、監置小屋を出て、金武村の琉球精神病院に入院した。一九七一年の終わり頃と思われる。その後は、綾子さんの父が衣服の洗濯などのために週一回ほど病院に通っていたそうだが、綾子さんはその後、一度も病院に行っていない。

「本当にお見舞いに行けたら良かったのにね。とても後悔しているんですけど、一度も行ってないんですよ、お見舞いに。(Qその後、長期入院?)そうです。入院ですね。(Q地域に戻って暮らすのは難しかった?)そうですね。やっぱり、病院に入院してた方が、家族としては、うちの父親としても安心だったんじゃないかねって思いますね。ずっと、。亡くなるまでですね」

峯栄さんが入院してからは、英語を教えてもらっていた頃の濃厚な関わりはすっかり無くなった。一九八四年、峯栄さんはひっそりと息を引き取った。五五歳だった。

監置小屋を出た後、長期入院になった例は多い。沖縄の精神保健に詳しい吉川《きっかわ》武彦さんは、こう語っている。

「復帰によって日本の精神衛生法が沖縄に適用されると、患者は全て精神病院に入院させろって

ここには泰雄さんという男性が私宅監置されていた。監置12年（撮影時）。1964年4月29日、岡庭武さん撮影。母親と思われる女性と中の泰雄さんが直接やりとりできる状況だった

話になって、むしろ後退したと言われたぐらいです。つまり、在宅ケアが許されなくなったという。沖縄に、収容性の高い精神病院がたくさんできてしまった。これが復帰後の沖縄の現状です。これは極めて残念だったと、私は思ってるんですけどね」

もちろん、私宅監置という非人間的な扱いからは解放された。しかし、「地域から排除され、隔離される」という意味では、場所が病棟に代わっただけで、本質的には変わらなかったのではないか。

その後の長期入院という収容型の精神医療より、私宅監置の方が良かったと言う人すらいる。

私宅監置の場合、主に家族が食事

の面倒をみて、排せつ物の始末もした。患者が大声で呼んだり、壁を叩くなど合図をすれば、家族と直接会話することも可能だった。血の通い合いがあったとも言える。

隔離と言っても、断髪の時は、家族が監置小屋から外に出し、終わるとまた入れるなどの例は、各地で聞かれる。入院とは違って、一つ屋根の下ではなくても、〝一緒に暮らしている〟という感覚はあったかもしれない。

しかし、入院すると、こうした関係が断絶されやすくなる。特に離島から那覇市の病院に入院した場合など、家族にとっては面会に行くことすら困難となった。

最初に紹介した藤さんの場合も、島で私宅監置されていた時は、子どもたちに石を投げられ、それに怒るなどの関わりがあり、近所の人たちが藤さんの歌を聴くこともあった。しかし、入院後は、島で藤さんのことを話題にする人は減っていき、まるで島に存在しなかった人のようになってしまった。

久米島で、保健師として、私宅監置患者を医療につなぐことに尽力した宮城恵美子さん（一九四五年生まれ）は、当時をこう振り返る。

「座敷牢っていうんですかね、うちの中に、電灯もなく、鍵をずっとかけて、糞尿もそこでやっていた女性がいたんですが、私たちが行った時は、言葉さえも失ってる感じでした。普通の会話ができる状態ではなかったですね。一九七一年に入院させたんですが、（Q沖縄本島に？）そうです。

そのあと、おうちに帰りたがらないということで、たぶん、一度もおうちには帰ってない。お母さんは、すごく寂しいって、よくおっしゃっていました。寂しくても我慢しないといけないねって言って。お父さんお母さんは、相当に高齢でもあるし、受け入れるっていうのが難しかったので、もうそのまま病院に預けてる」

その女性の場合、入院によって、親子の関わりはほとんど切れてしまった。

久米島は、精神障害者が地域で暮らせるよう、デイケアなどの取り組みを先駆的に進めた土地でもある。それらが功を奏した例も多い。

「二〇年間、ずっと（監置）小屋で生活していた人がいて、周囲も、この人は暴れるから、入れとくしかないよって、その地区の人たちも言ってるし。本人も、自分はやっぱり暴れるから、中に入っときなさいって親が言ったら、ふんって、素直に入っていく時期もあったんですよ。そこは自分の砦だって思っていたのか分からないけど。そこの鍵をみんな壊して、家族と一緒に生活させるようにした。すると、結果的には全く普通の青年だったという人がいました」

監置小屋から出すと普通の青年だったと宮城恵美子さんは言うが、調子が悪くなれば、暴れる症状が再燃する可能性もあった。でも、そうはならなかったという。その理由を、宮城さんはこう解説する。

「ほかの患者たちと毎月一回集まって、野球したり、卓球したりとか、そういう風な楽しいことができてきたら、もう、今まで小屋に閉じ込められていたことは、全く意識しなくて、普通の生活をしているという状況でした。それを支えていたのはデイケアで、友達関係ができること。そのあたりが、意味があったのかなあと思ってますね」

沖縄市にある福祉作業所「ユニティ」の代表で、自身も精神疾患の当事者という比嘉寿さん（一九六九年生まれ）に、昔と今の違いについて聞いた。

「（Q私宅監置の時代と今と、変わったと思う？）変わっていると思います。病院側の理解がある

「こういう写真（私宅監置）の状態は、今の精神科でもあると思う」と比嘉寿さん。ピアサポート（当事者同士の支え合い）に光を見い出している

作業所ユニティ。「精神病院を退院できない理由は、避けられたり、嫌われたりしてるからです。だから自分は病棟から出ない、出たくないと言う人が何人もいました」

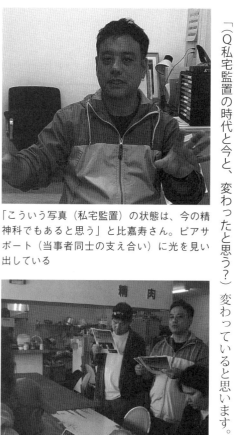

じゃないですか。精神病患者についての。私宅監置の時代ほど、今はひどくはないと思います。でも、本質的なところで、〝危ない人〟は精神科に入れるとか、〝危ない人〟は、今は鎖じゃないけど、身体拘束でベルトでつなぐとか。〝危ない人〟は薬を多めにやって鎮静させるっていう、『危ない人は、地域からどかす』っていうのかな、その考えは残ってる気がします」

精神障害者の長期入院は、今なお、日本の精神医療の大きな問題である。五〇年以上入院が続いている精神障害者は、全国に現在も一七〇〇人以上もいるという。また、新たに入院する患者の約一三％は一年以上で、長期入院患者は今なお生み出されている。

なぜ退院が難しいか、ユニティに通う精神障害のメンバーたちに聴いた。

「居場所がそこ（病院）だけって感じ。思いきって殻を破れないっていうか。地域に出たくても、出られない。受け入れてくれないとか、あるんじゃないかと思います。（Q本当は退院したいけど？）本当は出たいけど、殻を破れない」

「周りが、受け入れてくれないんじゃないかとか、怖いとか。人嫌いになってしまって、もう、ここ（病棟）からは出たくないみたいな」

「地域に出ようとしても、周りから迫害されたら、また戻るしかないんで、病院に。（Q迫害されるようなことは、わりとある？）うん、あると思います」

退院できないのは、受け入れる地域の人たちの理解が足りず、〝迫害〟を感じることが多いからだという。長期入院にならないため、地域の人たちにどのように接してほしいか尋ねた。

「本当に安心できる友だちとかいたら、救いだよね。この人と話したら落ち着くという友だちがいたら、入院にならないで済むかもしれないと思います」

「暴れる人がいて、自分が優しくふるまっても、どうしようもないという場合は、例えば別の友だちを誘って、二人がかりで優しくふるまう。そしたら、良くなっていく。実際、誰とは言わないけど、いるんです、そういう人が。だから一人でできない時は、ほかの友だちと一緒になってやる。(Q何人かで?)何人がかりでも。押さえつけたら逆効果だと思うんだよね。何人かで〝優しく接する〟っていうこと」

もし精神症状で混乱状況に陥ってしまったら、押さえつけるのではなく、何人がかりであっても、優しく接してくれれば落ち着くことができる……。

当事者ならではの声であり、何が社会に欠落しているのか、その本質を知らされる。

10 哲雄さん（宮古島）

✺井戸に飛び込んだ男

八重山の精神障害者家族会「やらぶの会」の代表を務めたことがある瀬間由香里さん（一九八七年生まれ・旧姓玉城）は、岡庭武さんの撮った私宅監置の写真を見ながら、こうつぶやいた。

「一体どんな思いで、この中（監置小屋）にいたんだろう。冷たい感じの雰囲気っていうか。私だったら絶対入りたくないな。入ってる本人も、絶対嫌だったと思いますけど。なんか、暴れることを自分でも抑えきれなくって、僕たちはここに入るしかないんじゃないかって。他人のため、家族のために、ここに入ってくれてる。それで家族が丸く収まるんじゃないかって。そんな気もします」

家族も、精神障害者の弱さと優しさに甘えることで、自らを守ってきたのだと由香里さんは吐露している。彼女は姉二人が統合失調症で、小学生の頃から、幻覚妄想で混乱する姉の姿を見てきた。

「姉二人が交互におかしくなっていくんですね。その中で、お姉ちゃんたちさえいなかったら、こんな人生歩まなかったのにとか。本当にそういう思いが出てきて、いろんな思いが合わさって、最終的には、（姉が）いなくなった方が、私としては楽、家族的にもきっと楽なんだろうなって、幼いながらに思ってましたね。ずっと」

私宅監置の時代、監置小屋を作って閉じ込めたのは、混乱を避けるため。その家族の思いが痛いほど分かると由香里さんは言う。

「私も実際、入れる側、収容する側で。当事者の思いではなく、家族の思いとして、入って静かにしててくれっていう思いがあって。入る本人にとっては、希望はないですけど。決して喜んではいないですよね、この写真の表情見てても。動物園の檻の中じゃないですけど、本当にこの社会から外された、そんな感じの。あきらめてる。この社会には出ちゃいけないって」

由香里さんが「動物園の檻の中」と語ったのは、哲雄さんの写真だ（一一八ページ）。岡庭武さんの写真に少なくとも一〇例はある、宮古群島の一枚である。

宮古病院精神科で看護師をしていた島尻清さんは、写真の男性について、自分の覚えている哲雄さんではないかと語った。

「哲雄さんと言ったら、元警察官でね。井戸に飛び込んだりした人がいたんですよ。その人かな。よく似ている。（Qどんな表情に見える？）なんで俺をここに閉じ込めておくんだって顔だね。（Q閉じ込められてることに納得していない？）そんな顔してますね」

警察官と言えば、保健所などと連携を取りながら巡回して様子を見るなど、私宅監置された精神障害者との関わりは、職務上もあったと思われる。自分が逆に巡回される立場になり、同僚に「治

哲雄さん。宮古島、1964年4月25日、岡庭武さん撮影、監置15年（撮影時）

安を乱す恐れがある」という目で見られることを意識したとすれば、心のダメージは大きかったに違いない。

哲雄さんについては、島尻さん以外、手がかりを得られなかった。写真の哲雄さんと同一人物かどうか定かではないが、島尻さんの言う人であれば、兄弟が那覇市にいたようだ。その兄弟を頼ったのか……親戚が哲雄さんを監置小屋から出し、沖縄島の精神病院に連れて行った。

「（哲雄さんは）とても力が強くて、連れて行くにも苦労したって言い方をしてたから。しばらく入院して、宮古に帰ってきましたけどね。お母さんが厳しい人だった。退院した後はお母さんの言うことを、はいはいと聞いて。二人暮らしだったんじゃないかな。腰の曲がったおばあちゃんだった。帰ってきても、いきなり井戸に飛び込んだりというのがあって、警察に連れられて、（宮古）病院に来た覚えがあるね。入院になったんだけども。自分が何をしてるかってのが、よく分かってなくて。なんで井戸に飛び込んだりするの？って聞くんだけど、飛び込めと言ってるからさと言って。それで終わりだもんね。幻聴に左右されての行動だったと思うけどね。（Q宮古病院に来た？）はい。こちらにも、しばらく入院して。二年ぐらいで落ち着いたのかな。あとは、お母さんと一緒に。その後は、入院は無かったけど」

哲雄さんを宮古病院精神科に連れて行ったのは、かつての同僚だったのだろうか。井戸に飛び込んだのは、退院して島に帰った後も、死にたいと思うほど、つらいことばかりだったからではないか。哲雄さんの幻聴の背景に、周囲の偏見や差別、抑圧は無かったと言えるだろうか。島尻さんが記憶する哲雄さんは、五年ほど前に亡くなったという。

岡庭武さんの写真は、四〇枚ほどが残っている。メモを頼りに、関係者を聞きまわったが、写真の当事者はもとより、遺族にもたどり着けないケースがほとんどだった。ある離島では、実家を特定できたが、「話すことはないから帰ってほしい」と、はっきり言われた。

島尻清さんは、宮古島には精神障害者を大らかに受け入れる風土があったと子どもの頃を振り返る。路上でその日暮らしをする精神障害者が大勢いたが、市場でお菓子を売るおばさんが、「これを食べて元気出しなさい」と渡す様子などをよく見ていた。

そのため、看護師になって、入院を勧めるため医師や保健所職員と私宅監置患者の家を訪問し、衝撃を受けた。人知れず隔離されている患者が、島のあちこちにいることを初めて知ったからだ。

「まさか、こういうのがいっぱいあるとは、全然知らなかったもんだから。（Q私宅監置ですか？）はい。え？こんなところに閉じ込められてるの？って、びっくりしちゃって。（Q精神科の看護師になってから？）そうそう。周りに知られないように、徹底的に隠してたんでしょうね。知られたら困るというか。今は医療が進んできてるから。昔はもう、ここにそういう人がいたら嫁にもやらないとか、そういう時代だからね」

✺当事者と家族の関係は……

家族も地域も、隔離の事実はひた隠しにしてきた。同時に、私宅監置を含めた精神保健について、当該行政機関である保健所においても、当時から関心が払われていなかった面がある。

一九六〇年代に宮古保健所で保健師として働いていた仲田《なかだ》八重子《やえこ》さん（一九三三年生まれ）と来間《くりま》貞子さん（一九三五年生まれ）に話を聞いた。二人とも、私宅監置の手続きなどに関わっていたが、驚いたことに、その記憶がとても薄い。

仲田「悪いけど、精神にそれほど関心が無かったというのか。自分たちの思いは、結核だけが」

来間「結核を主に見ていた時だから。おうちを回っても、結核に関する説得をやった。本土送り出しとかね。結核ばっかりだったね。あとフィラリアね」

仲田「ひっきりなしに、赤痢は出るし。寄生虫と、十二指腸虫と、フィラリア、その話ばっかり。どういう風に受診率を上げようかという時だから」

原「保健所の空気としては、精神保健ってのは？」

仲田「後回し。メインではなかったですね。自分ひとりでこれを抱えたら、ちょっと不安ですよね。自分の力量も足りなかったけど、やっぱりこっちは触らんでおこうという、もしかしたらそういう思いもあったかもしれない」

本土送り出しというのは、結核患者を東京清瀬にあった結核療養所などに船で送って入院治療させた取り組みのこと。精神保健は、優先順位で言えば、感染症対策、母子保健、成人保健などに次いで最後だった。

宮古島で私宅監置されていた写真の人物ついて、よく覚えていないと語る仲田八重子さん

仲田「精神の場合は、病院で治療してもらえるというのがなければ、どうしようもないわけよね。保健婦では限度がある。そういうのもあって、非常に消極的」

来間「そうだね」

仲田「精神の患者を保健所に連れてこられて、どうにかしなさいという時に、警察を呼んで、ひと晩だけ警察の留置場に入れておこうかというケースは二、三例あった。精神科（宮古病院）に電話したらね、満杯で取れないと。沖縄本島に連れていけって言うんですよ、夕方、日が暮れているから行かせられないし。どうしようもないわけ。なんで、廊下でもいいから入れてくれないかねとかさ。家族は取らないと言って。怖いですよね」
来間「そう、家族も怖がってたね」
仲田「受け皿が無くてね。だって、保健所には隔離室もないさね。やっぱり、おうちに帰せないから、本当に警察は自分たちの頼みの綱だったんですよ。優しかった、（留置場を使って）いいよって」
仲田さんら保健師が、精神保健を後回しにできた背景には、差別偏見があった。後回しにしたところで、社会的に突き上げられることはない。むしろ、それを容認する地域の意識が、優先順位の低さを恒常化させていたのだ。

現在でも、精神障害者が暴力行為に及んでいる場合など、警察が呼ばれて、精神病院に連れて行かれることが多い。一つの源流は、警察法の性質が強かった精神病者監護法である。

一九六〇年代に那覇署の交番勤務だった伊良波幸政《いらはゆきまさ》さん（一九四一年生まれ）は、私宅監置されていた患者を入院させる際、要請を受け、立ち会い任務を命じられたことを覚えている。

「精神障害者は暴れるという、間違った考え方ですが、あったと思いますのでね。関係機関で連携を取って、誰も手をつけたくないものを、我々警察がやったと。糞尿が衣服や髪について、髪も伸び放題でがちがちに固まっている状況で、汚物のこびりついた服を脱がせて、浴衣に着替えさせて。自力では歩けない状態だから、先輩の警官と二人で車まで抱えていくというのが、任務と言えば任務だったんでしょうな」

入院させる前から、その家は巡回の対象だったため、よく行っていたという。

「精神病者が座敷牢で収容されているということで、巡回の時に立ち寄る場所でした。中に入ったのは移送の時だけです。そういう座敷牢に置かれる惨めさというのかな。人間のあるべき姿じゃないなと。（Q言葉は交わされましたか？）いや全く。声をかけても、返事すら何もできないような、やらないような状態ですから。家族は、ただ、よろしくお願いしますということで、衣服を渡して、渡したら別の部屋に行かれて」

隔離は、当事者と家族の関係を根底から壊してしまう。

姉二人が統合失調症という瀬間由香里さんは、すぐ上の姉が、今も那覇市にある精神病院に入院中だ（二〇一八年一一月現在）。二年にわたる長期入院である。

私は何度か、その姉にお会いした。正直、すぐに退院できると感じられた。退院できないのは、本人の問題ではな

瀬間由香里さん。2018年5月に結婚し、石垣島から三重県に移住した。精神病院に長期入院中の姉を結婚式に呼ぶかどうか迷ったという。もし興奮して症状が悪化し、式が混乱したら参列客に迷惑になるのではと危惧したのだ。実際、式に出席した姉は全く病気を感じさせず、祝会を共に盛り上げた

く、グループホームなどの受け皿が足りないという、地域の問題。つまり社会的入院だ。由香里さんは、自責の思いをこう漏らす。

「入院させてていいのかって。やっぱり罪悪感というか。彼女は、本当は病院から出て、ほかのことがしたいんじゃないかとか、病院から出て、自分の好きな生活、やりたいことをできる可能性を、私たち家族が奪ってるんじゃないかなっていう思いはあります」

作業所「ユニティ」の代表で、精神疾患の当事者でもある比嘉寿さんは、こう語る。

「家族も罪悪感があるから、絶対、ほかに言わないわけじゃないですか。当事者と家族って折り合いがいいわけじゃなくて、当時者は家族を恨んでる人も多いし、家族はこの子がいたために自分の人生が駄目になったみたいに思う人もいる。深い因縁じゃないけど、家族会と当事者会ってのは、相容れない関係だと思う。医療従事者も、当事者じゃなくて、地域の声、家族の声の方を聞くじゃないですか。困ってるんですねって。その声には敏感に反応する。だけど、そういう声を聴いた時に、いやいや大丈夫です、皆さん心配しないでいいですよ、ここはなんとか私たちでフォローしますから、ちょっと時間をくれませんかとか、そういう関わりしてるんだろうかって、僕の中でクエスチョンが付くんですよ。逆に、病気で薬を飲んでない当事者を説得している。今、あなた薬飲んでないから、本来の自分じゃないんだよとか。眠れないのつらいでしょ、だから、薬飲んで休みませんかっていう説得はいっぱいしてる。でも、同じぐらいの説得を、家族にも、地域にも、してほしいんです」

家族は、どんなに苦しんだとしても、最終的には監置小屋や精神病院に患者を入れる側であり、逃げ道が用意されている。しかし患者は、最悪の場合、私宅監置され、長期入院に追いやられ、尊厳を傷つけられ、人生を壊される以外に選択肢がないのである。その圧倒的な違いを分かってほしいと、比嘉寿さんは訴える。

「地域のタブーだと言いますね。このタブーにメスを入れる、風穴を開けていくようなことをどんどんしていかないと、先は開けていかないと思うんですよね。精神医療の中にもタブーはある、地域にもある、本人も絶対触れられたくないタブーはあるけど、そこに風穴を開けていく。ただ、その開け方が強引だと、本人が苦しむと思うから、いかに傷つけない形でできるか。配慮をしつつ、でもタブーに触れていかないことには、本当の苦しみも出てこないし、本当の苦しみが出てこないと、本当の光は見えてこないと思います」

11

富俊《とみとし》さん（沖縄島北部）

✺地域社会が総がかりで

やんばると呼ばれる地域、沖縄島北部に、かつて私宅監置に使われていた小屋が遺っている。コンクリートづくりで、出入り口は鉄扉。外鍵がかけられていた。現場を訪ねると、幽閉といった言葉がしっくりくるような、暗鬱とした雰囲気が漂っている。絶望の累積が、小屋の空気を澱ませているように感じられた。

富俊さん（一九二九年生まれ）が、一九五二年一二月から閉じ込められていた小屋だ。実際に使われていた監置小屋で、現存するものは、日本全国でもこれだけとされている。

見学に訪れた大学生の野底光一郎さん（一九九八年生まれ）は小窓から外を覗き見て、こう言った。

「何も見えないよりも、これって、小さな窓から外の景色が見えた方が、より一層、寂しさというか、重苦しい感じが伝わってきて、逆につらいんじゃないかな。すぐそこで（家族が）生活しているのに、同じ場所で暮らせないってのが、より強く感じられて。なんか、寂しいですね」

1960年代、岡庭武さん撮影。富俊さんが入れられていた監置小屋

実際にその場に行き、見て触れて、初めて感じられることがある。八重山の精神障害者家族会の代表を務めていた瀬間由香里さんも、学生と一緒にここを訪れた。

「鉄の扉がすごい印象的ですね。もう絶対に、社会には出てはいけないって感じ。いつ出られるか分からない、閉じ込められた世界。この社会に生きてはいけないような、排除されたような気持ちだったのかなあ、家族からも、地域からも」

一九五二年から一九六〇年までの私宅監置の申請書類が、沖縄県公文書館に大量に保管されている。その中から富俊さんの文書を特定することができた。名前や集落名などは黒塗りの伏字でしか閲覧できないため、本来、富俊さんの文書の特定は困難だ。

現在も残る富俊さんが監置されていた小屋（2018 年）

なぜ特定できたのか……。

私はまず、文書群の中から市町村を絞り込んだ。そして、記された家族構成や監置理由などから、それらしき人を探していった。すると、富俊さんとよく似た人物の文書が二つあった。父親が大工で、数名の兄弟がいる。自宅の略図もほぼぴったりだ。その一つに、「監護義務者（実父）」の名前の消し忘れが一か所あったのである。監護義務者は、いわば私宅監置の現場責任者で、ほとんどの場合、家族が担う。

富俊さんの一五歳下の弟が那覇市に住んでいると分かった。

二〇一八年二月の満月の夜、街を見下ろす高台の団地に、弟の幸正さん（一九四四年生まれ）を訪ねた。消し忘れの名前について聞いたところ、幸正さんは、それは父親の名前だと語ったのである。

その申請書には、こと細かく、当時の富俊さんの様子が記されていた。ただ、徹頭徹尾、隔離する側の論理で記述されていることは忘れてはならない。

それによれば、富俊さんは一九五二年五月上旬、二三歳の時に発病。温順で無口だったが、親類などの来訪を恐れるようになった。同年一二月、症状がひどくなった。

「神経衰弱症を起こし、その後、不眠症状態に陥り、言動の異常を認められるに至り、自宅にて療養中なるも、恐怖憂鬱症にして、常時自閉無為の状態にありたる。一二月一三日正午頃より、急に行動暴発的となり、部落民に恐怖を与えること甚だしく、他人に危害を与えるほか、公安上憂慮される状態である」（抜粋）

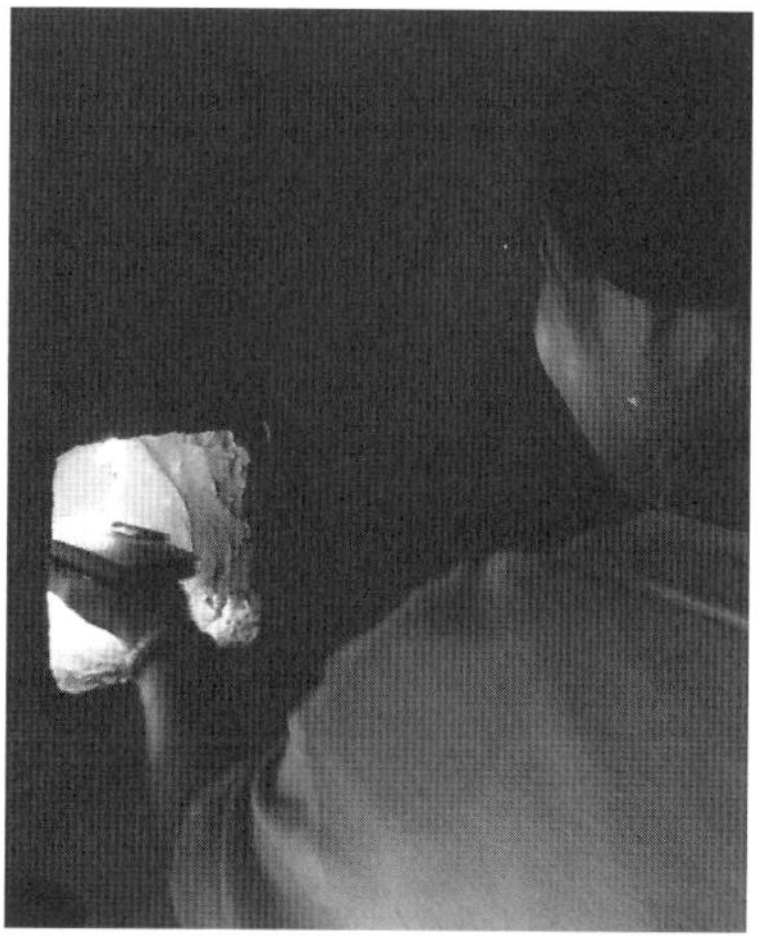

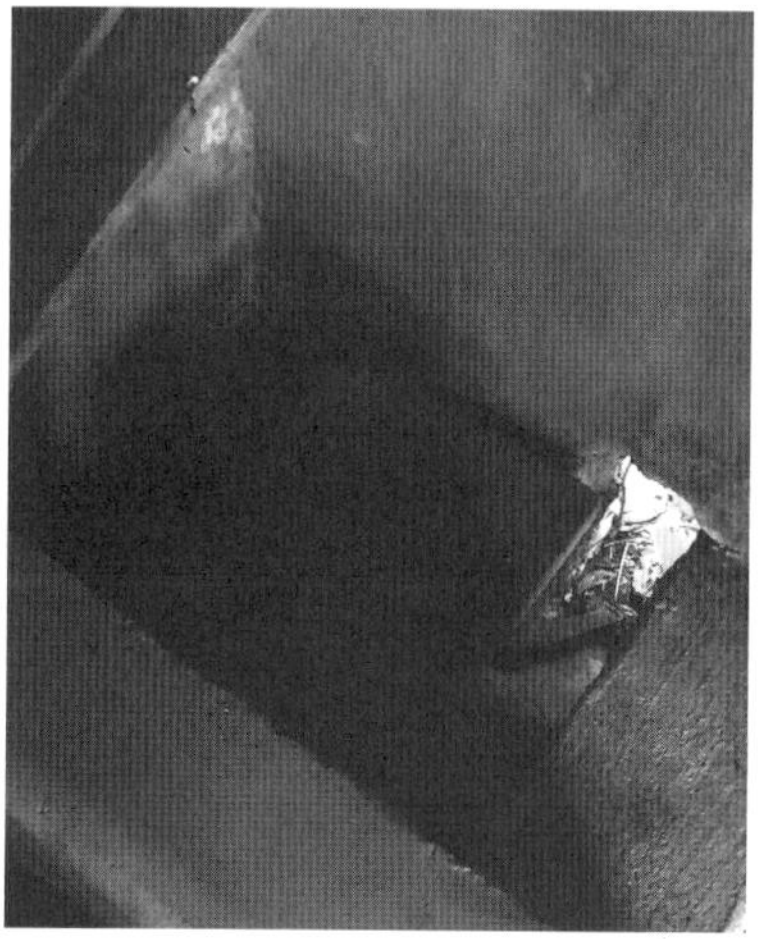

食事の出し入れ口は、お椀が一つ置ける程度（上）。中は１坪半（畳３畳）の広さで、隅に排せつ場所が作られていた（下）。汚物は外で汲み取る仕組み

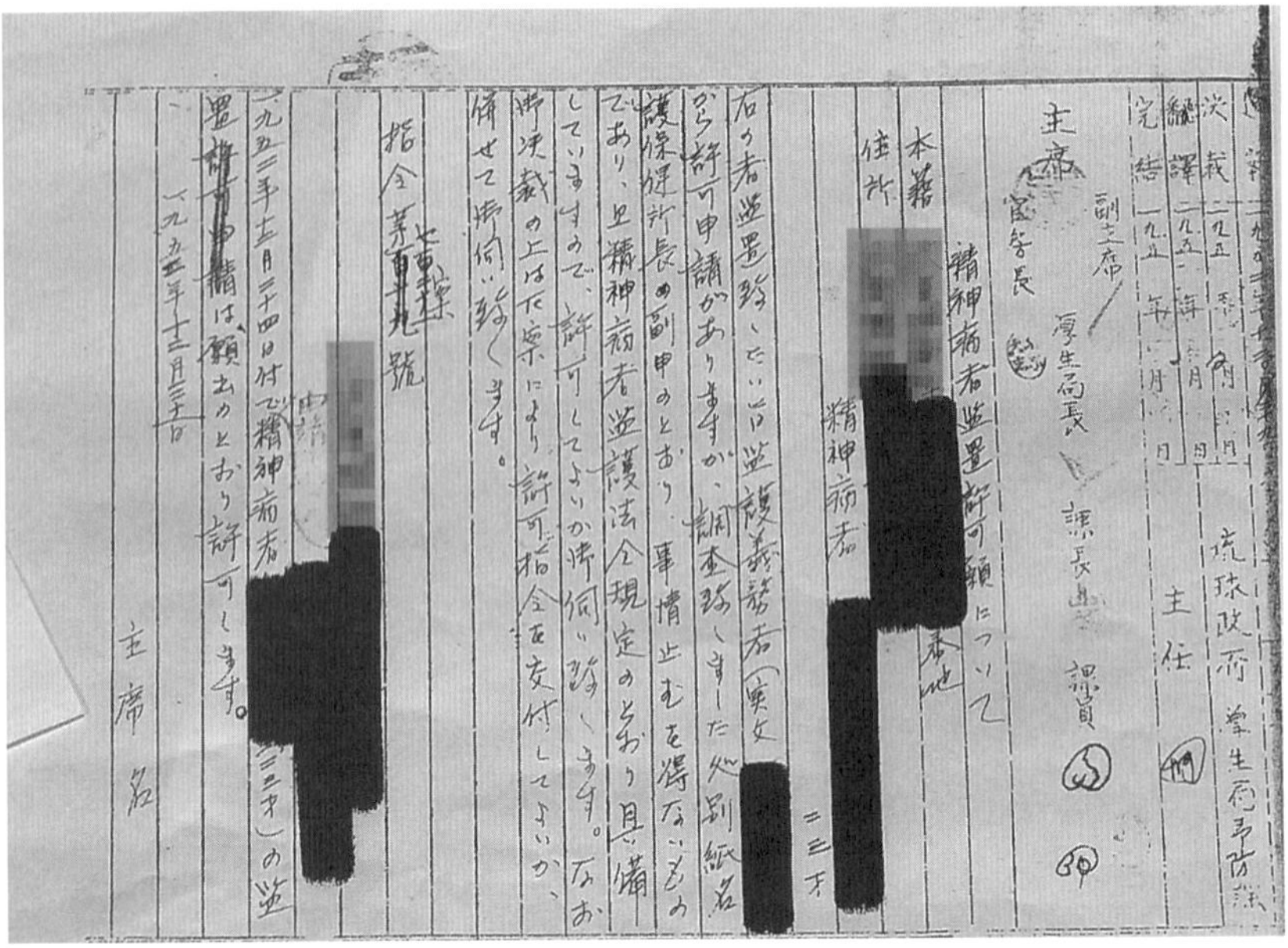
決裁 一九五 年 月 日
翻譯 一九五二 年 月 日
完結 一九五 年 月 日
琉球政府 厚生局予防課
主任
主席 副主席 厚生局長 課長 課員
官房長
精神病者監置許可願について
本籍 [redacted]
住所 [redacted] 本地
精神病者 [redacted] 三二才
右の者監置致したい旨監護義務者 [redacted] （実父）から許可申請がありますが、調査致しました処別紙各護保健所長の副申のとおり、事情止むを得ないものであり、且精神病者監護法令規定のとおり具備していますので、許可してよいか御伺い致します。なお御決裁の上は下案により許可指令を交付してよいか、併せて御伺い致します。
指令 [redacted] 号
一九五二年十二月二十四日付で精神病者 [redacted] （三二才）の監置許可申請は願出のとおり許可します。
一九五二年十二月 日
主席 名

富俊さんの私宅監置を琉球政府が許可した文書（沖縄県公文書館所蔵）

発病した五月から七か月間、何のケアも受けない期間に、症状が悪化したと思われる。申請書類には、富俊さん本人の言い分は一切無く、治安面の不安が強調されている。

「病者は体格強壮にして、強健なる青年であるゆえ、暴行を恐れて、部落民は避難をやる状態であり、病者を早く監置せねば、（中略）家族は仕事にも行けず、物心両面の苦しみを愁い……」

地域住民の安全のため、私宅監置をしないと家族の生活が苦しくなると訴えられている。

診断書も添えられているが、同じような内容で、「鋭利なる刃物を所持して近寄れず、警察官、青年団の応援により取り押さえ……警察で保護中」とある。地域でのトラブルばかりが記述され、「監置の必要あるものと認む」と、医師は署名。保健所の所長も、「監置の要あると認めますのでご許可下されたい」とし、村長も、「治安維持の点から監置が必要……許可の取り計ひ相成りたし」と記した。
申請は、一二月二四日付けで琉球政府厚生局に上げられ、「願出の通り許可します」と一週間後の三一日、琉球政府行政主席の許可が下りている。（一三〇ページ写真参照）
このように厳格な手続きを経なければ、私宅監置はできなかったという見方もできる。しかし、病気の富俊さんひとりを、地域社会が総がかりで小屋に追い込んだとも言える。

✺大好きだった兄

弟の幸正さんを訪問した時、ちょうど犬に鳥のささみを与えるところだった。

「これ、よく食べるからよ。こっちおいで。ガチマヤー（食いしん坊）、待ちきれんよ。こんなして、手で切ってあげないと、食べない。贅沢させ過ぎて、自分ではかぶりつかない」

犬のことは滑らかに話すが、兄の富俊さんについては話したくないという雰囲気が滲んでいた。好きなウィスキーをなめ始めると、少しずつ緊張が和らぎ、重い口を開いた。

「（兄は）正直で、優しい人さ。傷つくタイプだったわけ。わん（僕は）そう思う。だから、おみやげとかいっぱい買ってきて、小学校の時（一九五〇年代）。赤、青、色んな模様があるシャツ。あの時分、やんばる（沖縄島北部）なんかには無い、派手なもん。ハイカラばっかし。温かったはずよ、毛糸だ。派手だから目立つさね。（Q幸正さんはそれをつけた？）自分は自慢につけたんじゃない

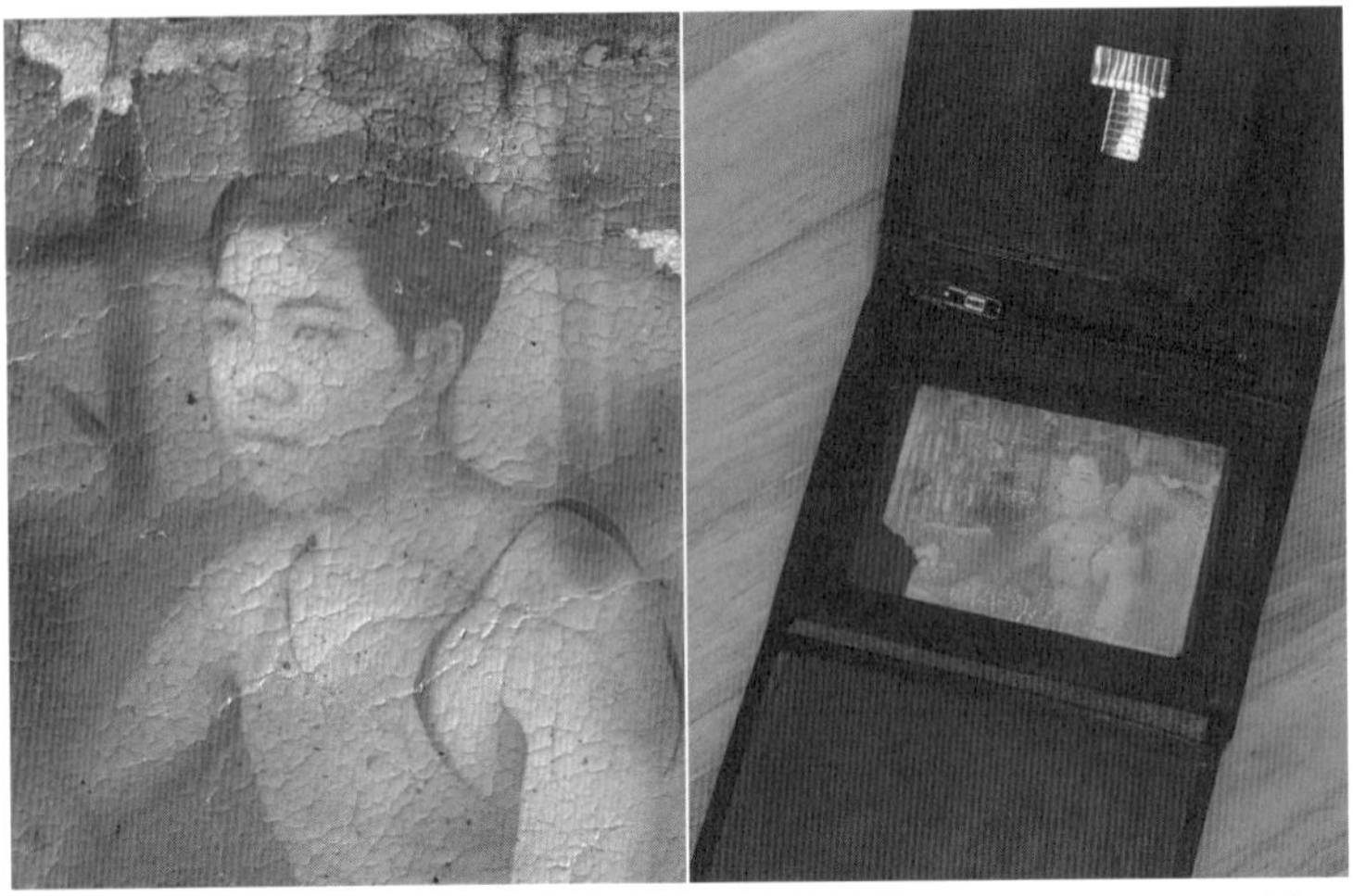

若き日の富俊さん。裏に「十七歳」と書かれている。晩年の富俊さんは、財布にこの写真を入れて持ち歩いていた

かな。僕はつけたよ。（Q幸正さんが着ているのを、富俊さんは見てる？）見てるはずよ。だけど、あれさ、正月が終わったら、また旅に出るさ。（Qその頃は大工仕事を頑張っていた？）うん、だから、お年玉もくれていた」

富俊さんは大工仕事で稼いだお金で、お土産を買って家族を喜ばせていたのだ。

幸正さんにとって、幼い頃の富俊さんの記憶は〝優しいお兄ちゃん〟だ。ハイカラな服を着せられた幸正さんを見て、家族で大笑いする。そんなほのぼのとした時間が流れていた。しかし、それは長くは続かなかった。

富俊さんが私宅監置されたのは、幸正さんが八歳の時だ。

なぜ発病したのか、詳しくは分からないが、米軍で働いていた時に、何か嫌な思いをしたようだ。富俊さんは戦後まもなく、一九四五年一六歳の時、米軍飛行場の建設のために動員され、伊江島に渡った。そこで、何か米兵とトラブルがあったと思われる。その後は実家に戻らず、大工見習いとして那覇市で働いた。

その頃、同じ部屋に暮らし、大工仕事を教えた同郷の先輩が健在だった。福地善次さん（一九二六年生まれ）だ。

「那覇で木工を一緒にやっておったんですよね。私は二つ先輩だから、私の言うことはよく聞きよった。私が寝て、いつの間にかいなくなってるんですよね。朝方、戻って来るんですよね。どこ行ったかと聞くと、寝られなくて、学校が近くだったもんだから、運動場を何回も歩いてきたと言ってね。歩いたら寝られるだろうと。一週間ぐらい、こういう風に。これから頭が狂い始めたんですよ」

富俊さんは真面目に仕事をしていたというが、不眠が続き、精神に変調をきたしていった。後の診療メモには、「人に殺されると話しながら、夜、一人で那覇から（地元）まで歩いてきた」と書かれている。

大工の先輩、善次さんはその後、富俊さんの件で故郷から呼ばれた。

「これ（富俊さんを）入れるロウヤ作れるかと言うから、大工だからできますよと言ってね。で、作ってくれんかということで。木製で作ってね。そしたら割ってね。（富俊さんは）力があるから割って出よったんですよ。なんとかしないといかんと。今度はコンクリで作ると言ってから、私が作りました。（Q壊したということは、中にいるのを嫌がっていた？）嫌がってですよ。はい。暴れて、壊して。私、呼ばれて」

善次さんが、富俊さんの監置小屋を作ったのだった。地域の人びとは、そこを「ロウヤ」と呼んでいた。富俊さんの私宅監置の申請書類に、木製の小屋の図がある。

「警察から、ロウヤ作ってくれと言われて。そして、作ったことないから、図面出してくれと言って、図面通り、作ったんですよ。ご飯をあげるところは、あまり大きく作ったら、頭が出入りできるといかんから、小さくして。村から補助出して。（Q補助？）だったと思いますよ」

図面は警察に渡され、村の補助金もあったと善次さんは記憶している。その後、善次さんは、富俊さんと会うことはなくなった。同郷であり、大工仕事で共に汗を流した仲間だが、その絆は大き

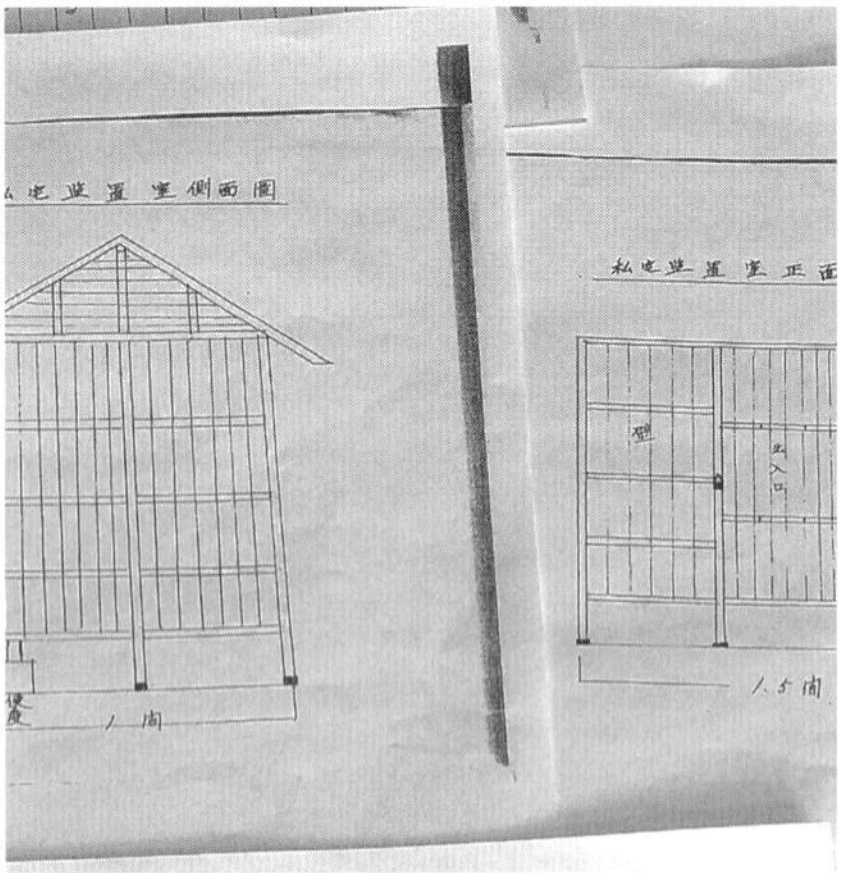

私宅監置申請書類の監置小屋の図（沖縄県公文書館所蔵）

富俊さんに大工仕事を教えた福地善次さん

く変えられてしまった。

「あれ（富俊さん）をロウヤに入れてから、全然会わない。もう、関係ない。出してくれって、かわいそうだから。見たくない。かわいそうだから、会わなかったですよ」

食事は小さな小窓から母親が差し入れていた。父親は大工仕事で各地を回っており、ほとんど家に帰らなかった。たとえ富俊さんの調子が良くなっても、母ひとりでは、心配して外に出さなかったと思われる。

それでも、外に出ている富俊さんを、弟の幸正さんは覚えている。私宅監置が始まって、五〜六年が経った頃のことだ。

「中学二年ごろかな、髪こんな（腰まで）伸ばしてよ、学校に。あの時は恥ずかしかった。遠くからでも分かる。黒い着物つけて。浴衣みたいなのをつけて、道から歩くわけ。学校の校庭まで歩いてきた。運動場歩いたり。みんな見るさ。自分の兄貴だけど恥ずかしかった。目立つさ。お前のお兄さんだろうとか言われて。来なければいいのに、うろうろ入ってきた時に、恥ずかしい思い、始まったわけ。やっぱし青春時代だったら、好きな人も出てくるし。本当は、にーにー（兄）、大好きだった」

その後も、幸正さんは監置小屋にいる富俊さんを見ているが、よく覚えていない。関わりたくないと考えたのか、小屋には近づかなかったという。

「ロウヤに入るって言ったら。だからもう、今になるとね、えらいかわいそう。俺なんかは分からんかった、何のために（入れたのか）。いや、暑いさ、夏。あの空間だったらよ、六〇度ぐらいはいくよ。（Q耐えられないはず）よく生きたなあと思うさ。苦しさは誰も知ってないし。わったー（僕たち）だけが、苦しさを知ってるわけ。あんまり、人に言えないさ、これ。でも、わんや（僕は）兄貴の味方だった。ずっと、小さい時から一緒にいたし。いや、でーじな（とても）優しい人だった」

✺今も続く呪縛

富俊さんは、一時的に出されても、すぐに監置小屋に戻されたようだ。

一九六六年一月、金武村の琉球精神病院に入院した。富俊さんは、一九五二年一二月から入院までの多くを、監置小屋に入れられて過ごしたと思われる。

一九七二年一〇月に退院。その後、通院しながら故郷の実家で一人暮らしをした。かつて自分が入れられていた監置小屋は、ボイラーなどを整備し、シャワー室として使った。二〇〇一年、名護市内のクリニックに通院することになった。その頃の主治医、高石利博さんに聞いた。

「自分は病気であると認識してました。那覇にいた時に、殺されるって声が聞こえてきて、怖くて歩いてきたわけさと。暴れたから（監置小屋に）入れられたという認識もありました。私のところに通院した頃は、誇大妄想で。恋愛妄想ですよ。自分には女房が三人いて、その一人は原節子で、その間に子どもがいたなんて、延々と語るから。原節子ってのは、ある意味、いい妄想。本人のあこがれの人と結婚したんだから、これ、いい妄想ですよ」

その頃の診療メモには、「電波とけんかしている」「国際結婚させようとする」などの訴えも書か

医師や看護師を監置小屋に案内する富俊さん。2004年5月、高石利博さん撮影

れている。幻聴に悩んでいたことがうかがえる。自宅近くを歩きながら、大声をあげることも多かったようだ。富俊さんが住んでいた地域の元区長に聞いた。

「頭が良すぎてね。物知りって言いますよ。こっち（公民館）に来て新聞読んで。それが日課で。だけど、ちょっと大声出したりして。昔の何か、戦後の何かがよみがえるんでしょうね。死なしてやるよとか、暴れ出す。やっぱり時期になると、わーっとしゃべって大きい声で、何かを思い出すのか、死なしてとらすとか、殺してやるとか。（Qトラウマ？）が残っている。負けてならんとか、いろいろ言う時期もあって。普通は優しい人」

二〇一七年七月八日、富俊さんは天国に旅立った。実家のある集落で今も暮らす妹さんと一緒に、お墓参りをさせてもらった。

「（Q富俊さん、喜んでますかね？）だからね（笑）。喜んでるかねえ。喜んでるかもしらん（笑）。みんな来てるねって」

富俊さんが入れられていた小屋は、保存活動が始まっている。家族会などの連合団体である沖縄県精神保健福祉会連合会（沖福連）を中心に進められている。保存は容易ではない。小屋が遺る集落の元区長が、率直にこう語った。

「これは恥ずかしい話だって言う人もいるわけ。これ（監置小屋）は無くしてほしい、忘れたいというのがあって。こんなのを今頃、出して、恥をさらすのかみたいな。こっちと、三か所ぐらい分かる場所があるんだけど。昔はね、精神科って、閉じ込めて、家族でみないといけなかった。暴れ出したら、ロウヤに入れるって」

那覇市にある高齢者施設での富俊さん。自宅でひとり暮らしをしていたが、亡くなる２年ほど前に入所した

2017年11月13日

富俊さんの弟の幸正さんとお会いした時、かみ合わなかった話がある。
幸正「（富俊さんを隔離する時）警察が、六名ぐらい来てた」
原「六名で来て、捕まえておとなしくさせようと？」
幸正「（うなづく）」
原「警察には逆らえなかった」
幸正「でも、わんよ（僕は）脅しても、兄貴は分からんと思った。だから六名も、いっぱい来てから、みんなで入れた」
原「（私宅監置は）警察も保健所も含めて、こういう風にしなさいと、やったこと。家族の恥でもないし、家族の責任でもなければ、誰が悪いわけでもなくて、国が悪い」
幸正「いや、悪いのはやっぱし、わん（僕）の兄貴。狂ってるんだから」
原「それは病気なのだから、仕方ない」
幸正「病気だから悪い」
家族（遺族）は今なお、「本人が悪かった」と思い込んでいる。それは、閉じ込めてしまった罪責を感じるがゆえの言葉かもしれない。
地域でのいわゆる〝迷惑行為〟は、病気の症状によるものである。病気は、誰でもかかる可能性がある。つまり、誰もが私宅監置されていた可能性がある。
まず、私宅監置された当事者は何も悪くないということを、確認する必要があると思う。悪くな

富俊さんが入れられていた監置小屋の中から

いどころか、有無を言わさず閉じ込められた、とてつもない人権侵害の犠牲者なのである。

その罪責は一体どこにあるのか。家族が悪かったのだろうか。家族は、隔離を促す社会的圧力の中で、追い込まれていった面が強い。私宅監置は、法律に基づく措置であり、社会制度だった。

その犠牲者たちは、今なお尊厳を深く傷つけられたままだ。人生を壊され、命を否定されて、現在に至っている。一刻も早く、公的な検証と総括が行われるべきと考える。

沖福連会長の山田圭吾さん（一九五四年生まれ）は、富俊さんが入れられていた監置小屋の前に佇み、こう語った。

「あえて閉じ込めた社会環境とは、どういうものか。法律を作ってまで管理しようとし

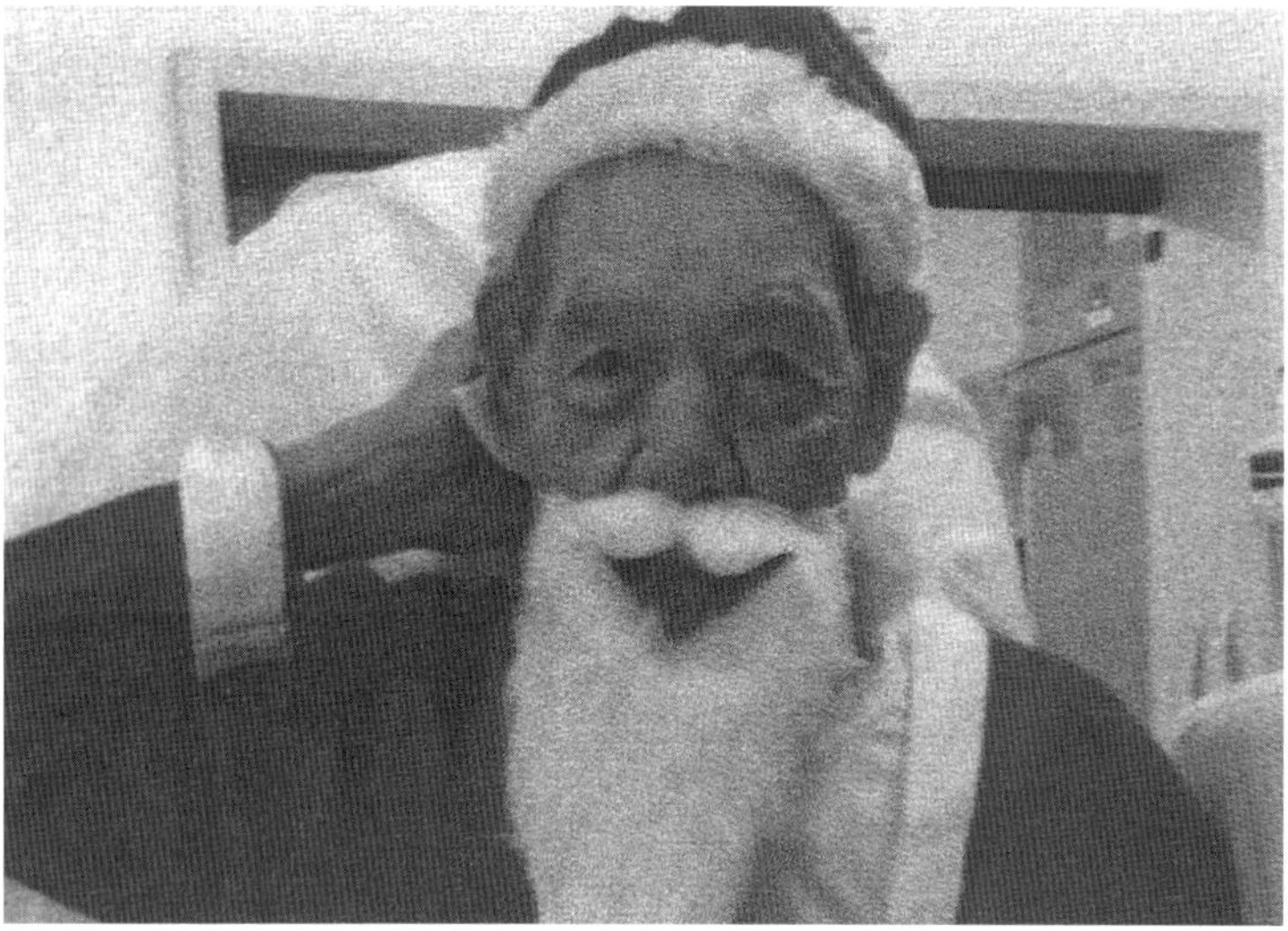

晩年の富俊さん。高齢者施設で

た国のあり方、行政のあり方が問われている。仕方なかったよねと、過去の話にしてはいけない。今、同じような状況にある人たちのことを、どう考えるのか。病院に押し込めておけば、それで済むという人たちもいるわけだから。病院は何のためにあるのか。医療に結びつけても、それで終わってしまうと、長期入院が続くこともある。私宅監置の時代と、形が変わっただけじゃないかということになる」

沖福連の呼びかけで、二〇一七年一一月、沖縄の精神保健に関係する二〇人ほどが集まった。富俊さんの監置小屋の保存について、話し合うためだ。

「もし自宅の隣にそれ（監置小屋）があったら、ない方がいいかなと。やっぱり負の遺産で、イメージ的にも悪い。なかなか近隣の住

民にも同意を得るのは大変かなと思います。公的な立場からのバックアップを主導してもらいたいと思います」（精神科医）

「実際に小屋の前に立つと、全然、感じるもの、入ってくるものが違う。ハンセン病の場合は、誤った隔離をしてしまったと、国の謝罪がありますよね。同じように、社会的な〝ごめんなさい〟があれば……」（家族会）

検証と総括の先には、犠牲者への公的な謝罪が見出されるはずだ。それが、尊厳回復の第一歩ではないかと思う。逆に、それがなければ、永久に尊厳は回復されないだろう。

公的な謝罪があって初めて、隔離された当事者にとっても、家族にとっても、地域にとっても、私宅監置の呪縛から解放されていくのではないだろうか。

12 瑞慶山良光《ずけやまよしみつ》さん（大宜味村《おおぎみそん》）

✺〝兵隊幽霊〟と呼ばれて

私宅監置された犠牲者で、直接お会いし、詳しく話を聴くことのできた人が一人だけいる。映画「沖縄スパイ戦史」（監督 三上智恵・大矢英代　二〇一八年）に登場する瑞慶山良光さん（一九二九年生まれ）だ。戦争ＰＴＳＤ（戦争トラウマによるストレス障害）のため、戦後、座敷牢に閉じ込められたと、映画でも紹介されている。

青年学校一年生の一五歳の時、護郷《ごきょう》隊（少年ゲリラ部隊）として召集された。指揮をしたのは、スパイなどを養成する陸軍中野学校の将校たちだった。良光さんは、爆雷を背負って戦車に飛び込む斬り込み攻撃を命じられるなど、凄惨《せいさん》な戦場を生き延びることになった。そのすさまじい戦争体験が、ＰＴＳＤをもたらした。

現在は沖縄島中部に住んでいるが、故郷の大宜味村の実家には、よく通ってアセロラやグァバなど果物の栽培などに精を出している。海を見下ろす高台の集落、森に囲まれたご実家に良光さんを訪ねた。

証言する瑞慶山良光さん

「弾と一緒に散って、戦車と命を交換するような命令を受けたもんですから。肉弾特攻ですからね。こんなして死ぬよりは、生まれなかった方が良かったと。戦死して、親を悲しませるようなことはなかったのに。親を助けるために生まれてきたのに。国のために生まれてきたんじゃないと、泣きましたよ」

良光さんは、召集された当初から、荒れた日本兵を目の当たりにし、大きな違和感を覚えていた。これでは勝つ見込みはないと、日本兵に聞こえない所で仲間と話したという。

「日本の軍隊に奴隷扱いされていましたからね。一〇日間の作業で、口も洗わない、顔も手も洗わない、動物みたいに寝かされていたんですからね。日本人の奴隷になっているんだなあと、みんなで話しました。護郷隊の訓練中も、日本刀を首に当てられて、貴様、国のために死ぬことできるか、死ぬ覚悟できてるかと脅された。日本の軍隊は野蛮。人を憐れむ心が無いわけ」

良光さんの記憶では、戦後一九四七年、一八歳の頃、戦争の後遺症で幻覚を見るようになった。

「戦争恐怖症というのにかかった。幻覚が起こった場合、狂うんですね。周りから〝兵隊幽霊〟と呼ばれていたから。亡くなった兵隊たちの霊が私に引っかかって、頭の中で蘇るんじゃないですかね。霊がね、沈んだり、頭の方にのぼっていったり、これを繰り返していたと思いますね」

良光さんは、覚えていることと覚えていないことがあると言いながら、少しずつ記憶をたどってくれた。座敷牢に入れられる前は、分からない言葉を話し、暴れるなどの症状で苦しんでいたという。

「英語なのか、中国語、フィリピン語、何なのか、何を言ってるか分からない。あの時は頭で認識しないまま、しゃべってるわけですよ。（Q自分では、何を言いたいか分かっている?）いえ、自分でも分からん。意味が分からん」

その頃、実家には南洋から引き揚げてきていた腹違いの兄がいた。当時、三〇歳を超えており、長男だった。その継兄が、発作的に暴れてしまう良光さんに手を焼き、座敷牢を作って閉じ込めたのだった。

「村の人たちが、これは兵隊のさせているわざだからね、死んだ兵隊が私にさせているから、人を刺す恐れもあるよと。こういう噂が出たもんだから。継兄弟ですけど、お母さんは別ですけどね。この人が牢を作って閉じ込めた。部落の人に迷惑をかけないように、心配させるからと。他人に害は与えていないけどね。何をするか危険だということで。刃物

座敷牢があった場所を、杖で示す瑞慶山良光さん

持って暴れたりすると大変だと。（Q両親は、良光さんをここに閉じ込めることについては？）それは仕方がないと。部落の人に心配かけて困るからと」

地域の人たちは、見境なく暴れてしまう良光さんを、〝兵隊幽霊〟と呼んだ。亡くなった兵隊の霊が、良光さんに乗り移っていると考えたのだ。そして、何かのトラブルに発展しては困ると考えた継兄が、隔離した。つまり、隔離は地域公認だった。公文書が残っているわけではなく、届出がされていたかどうか今では分からないが、精神病者監護法に基づく私宅監置と考えて間違いない。

戦争PTSDに比べて、隔離監禁は、良光さんのその後の人生にそれほど大きな悪影響を及ぼさなかったようだ。それは、ごく短い期間だったからと思われる。

「（Qどれくらいの期間、閉じ込められていた？）丸一日ぐらいか、多くて二〜三日。（母家と）棟ひとつで、そこは物置だった。（Q中にいろんな道具とかがあった？）道具はみんな外にどかして、中は私が一人。（Q寝る場所とかは？）寝る場所は作ってなかったですよ。（Q食事はどうしていた？）それは、差し入れが。食事のことはあまり覚えてないですけど。（Q簡単には出られない状態？）丸太を、折れないように五寸釘でぶっつけて、なかなか折れない」

良光さんは、座敷牢に入れられた時のことをよく覚えている。当時、発作的に精神が混乱して暴れたり、正気に戻ったりを繰り返していた。だから、正気の良光さんが一部始終を把握していた。

隔離される気持ちは、そういう目に遭った人にしか分からない。どんな気持ちだったのか、率直に聞いた。

「自分は悪いことやってないのになあと思ってますからね。泥棒したり、そんなこと何もやってないから。ただ、悪いことをするはずよってことで、疑われただけですから。（Q瑞慶山さんにとって、当時の自分は危なかったと思いますか？）別に危ないようなことは、しなかっただろうと私は思う。狂ってる人がすること、分からんわけですよ、村の人は。だから、何をするか分からんと言われる。継兄は、私のことを憎んでいるんだなと感じた。憎んでいるから閉じ込めると。自分の父母は、こんなことやろうとは言ってないですよ」

当時、家族や周囲の人たちは、病気で混乱していた自分の気持ちを理解しようとしなかったと、良光さんは訴えている。だから、憎しみを感じてしまったのだという。隔離監禁によって、暴力などの症状の解決を図るのではなく、対話などによって患者の気持ちを理解しようとする方法論が問われているのではないだろうか。

✺真の敵は……

両親は、長男（良光さんの継兄）が自分を閉じ込めるのを、やむなく受け入れたと良光さんは考えている。その後、三日も経たないうちに、五寸釘で頑丈に固められた座敷牢を、自力で脱出した。

「（Qどうやって出た？）それは覚えてないです。何か術を使ったのか。そこから、壊して出てるんですよ。道具を使ってないと思いますからね。やっぱり、手で、力でじゃないかなと」

しかし、すぐに捕まえられ、宜野座（一九四六年に金武村から分離し、宜野座村になった）にあった病院に連れて行かれた。そこで注射を打たれた。

「トラックに乗せられて、名護の世冨慶を通って行ったの、覚えてます。あの時、沖縄には病院もないですからね。だから米軍病院で。宜野座の軍病院で注射した。独房に入ってましたよ。戦争（後遺症）だから、人を殺すかもしらんとなりますから。あっちで二週間ぐらいでは良くなって、治ってましたから。うちに戻りました。あれから全然そんなことはない」

宜野座には、沖縄戦のさなかから米軍の野戦病院が作られていた。一九四六年四月に沖縄民政府が設立され、米軍病院は民政府に移管されることになった（宜野座米軍野戦病院集団埋葬地収骨報告書一九八五年）。

良光さんが連れて行かれたのは、米軍から移管されたばかりの宜野座病院である。精神科病室が設けられていた（二一一ページ参照）。薬は米軍による提供で、注射をしたのは島常雄医師と思われる。良光さんは、そこにあった隔離室に入れられた。

戦後の混乱期にも関わらず、薬を与えられ、治療を受けることができたのである。次々に運ばれてくる患者のため、隔離室を空ける必要があったのか。混乱期であるがゆえに、入院が長引かずに済んだのかもしれない。良光さんは、病気の初期段階で治療できたためか、すっかり回復し、自宅に戻れたのだった。その後は発作的に暴れるような症状は見られなかったという。

もし、良光さんが座敷牢を自力で脱出していなければ、どうなっていただろう。もし、捕まえられた後、病院に連れて行かれるのではなく、再び座敷牢に閉じ込められていたら……。良光さんのその後の人生は、全く違ったものになっていただろう。隔離が長く続いていたら、穏やかな表情で果物栽培をする良光さんの存在は、なかったに違いない。

良光さんの笑顔は、尊厳を傷つけられた多くの私宅監置の犠牲者たちの奪われた人生を、浮かび上がらせているように思えた。

「僕が宜野座（病院）に行ったから、この部屋（座敷牢）は、お父さんがこれ、みんな壊しただろうと。恥になると言うて、壊しただろうと思います」

現在、実家の建物の配置は当時と全く違っている。敷地の入口から小道を一〇メートルほど進んだ庭の一角に、その座敷牢はあった。良光さんが、ここにあったと杖で示してくれた。二畳くらいの広さ。いざ、閉じ込められるという時、良光さんは歌をうたったという。

「親の仇を討たんてやり、万歳姿に打ちやつれ、棒と杖とに太刀仕込で……。親の仇を討つという高平良万歳（たかでいら まんざい）という歌。ちょうど仏壇の前で歌いましたからね。僕を諭していたおばさんが、歌わないでと言いよったけど、僕は歌ったんですよ。歌いながら牢に入ってる（笑）。（Qワンフレーズでいいから、歌っていただけませんか？）三線《さんしん》でも弾けますよ。（Qありますか？）ありますよ。（Q弾いていただけませんか？）三線、持ってきますか？（はい）」

無理を言って、その歌をうたっていただいた。かつてうたった、その場所で……。

兄弟が親の仇を討とうと相談し、大道芸人に変装。棒と杖に小太刀を忍ばせて敵を訪ね行く。敵と思われる人物が海辺にいると分かり、二人は乗りこんでいく、という歌詞である。

三線を始めて15年という瑞慶山良光さん。座敷牢があった場所の前で、高平良万歳をうたってくださった

良光さんは座敷牢に入れられる時、それを決めた継兄のことを〝敵〟と感じた。同時に、その継兄は自分の敵であるばかりか、父親の敵でもあると思い込んだという。だから、親の仇を討つ歌が口をついて出たのだろう。

「これは忘れてはいけない歴史だなあと、自分で思ってる。沖縄戦から来た出来事です、歴史です。沖縄戦がなければ、兵隊幽霊なんかにならなかった。自分の生涯の歴史に残すべき歌だなあとは思っていましたからね。おたくに歌ってくれと言われて、非常に自分の心に喜び感じてますね」

戦争ＰＴＳＤを乗り越え、戦後を生き抜いてきた良光さん。人懐こくて、優しい表情を見せる一方、真の敵は戦争であり、その敵は今も力を持っていると、悲しげな眼差しを遠くに向けた。

「家族全体の悲しみを作ったのが沖縄戦。戦争では、自分が自分でなくなるんですよ。人の心に憐れみの心が無くなるから。二度と沖縄にですね、戦争を起こさせてはならない。戦争を起こさせないためには、米軍基地を取り除かなければならない。対話ですね。日本政府ともアメリカ政府とも、沖縄県の民衆ともですね、この三者が対話して、食い止める。家族崩壊を食い止める歴史につながると。また一緒に、戦争、勉強しましょう」

13 公営監置所

✵冷淡な行政

公営監置所があったという事実に驚かされる。

戦前の沖縄では、那覇や首里の市役所の中に監置室があったが、戦争で焼失したという。那覇市は、戦後になって公営監置所を再度設置した。一九五二年には市内に二棟あり、翌五三年には高台の墓地の中に、さらに増設したという（「沖縄における精神保健福祉のあゆみ」二〇一四年）。

監置小屋を作れない貧困家庭や、路上で保護された身寄りのない人などが対象だった。岡庭武さんによれば、公営監置所は琉球政府が補助金を出し、市町村が設立した。かつては、墓を改造した石牢のようなものもあったという。公営監置所に隔離されていた女性のほとんどが妊娠していたとの報告もある。強姦《ごうかん》などの被害もあったと推察される。

「あまりに惨めな状態、世論に押されて公営監置所は次第に減った」と岡庭さんは言うが、一九六四年の時点で、那覇市役所真和志支所に一か所残っていた。

真和志支所の監置所。岡庭武さん撮影。大きさは６坪で４部屋あった（１部屋は１坪半）。高さ１メートル20センチの鉄扉、小さな窓口にも鉄格子があり、中は真っ暗だった

岡庭武さんが訪ねたのは、一九六四年五月二一日。三人の患者が入っていた。皆、四〜五年前から隔離が続いていたという。私宅監置が始まった時に診察を受けたきり医者も来ず、医療的に放置されていた。岡庭さんは、琉球政府がこれを補助していることを問題視し、各所に折衝した。その結果、患者は措置入院となり、この建物は役所の物置小屋に使われることになったという。

しかし、同年九月の論文に、岡庭さんはこう記している。

「私の帰京直前、他村でまた（公営監置所を）造る計画があると聞き、暗然たるものを覚えた」（「病院精神医学」一九六四年九月二五日）

私宅監置の研究者である橋本明さん（愛知県立大学教授）によれば、日本本土では、公営の場合、現場責任者である監護義務者は、

市長村長だった。市町村の責任で、食事などが提供された。しかし、左上の許可文書を見ると、公営監置所でも監護義務者は実母、つまり沖縄の公営監置所では、家族が責任者になっている。

つまり、公営と言っても、沖縄では行政はただ部屋を貸し、火災などの責任を持つだけで、食事など身の回りの世話は、全て家族がしなければならなかった。より貧しく底辺であえぐ精神障害者が、行政からも見放されていたと言えるのではないか。

左の写真資料に記された「那覇市公設監置室」は、岡庭さんが一九六四年に訪れた真和志支所とは別で、一九五四年に那覇市壺屋にあった公営監置所である。

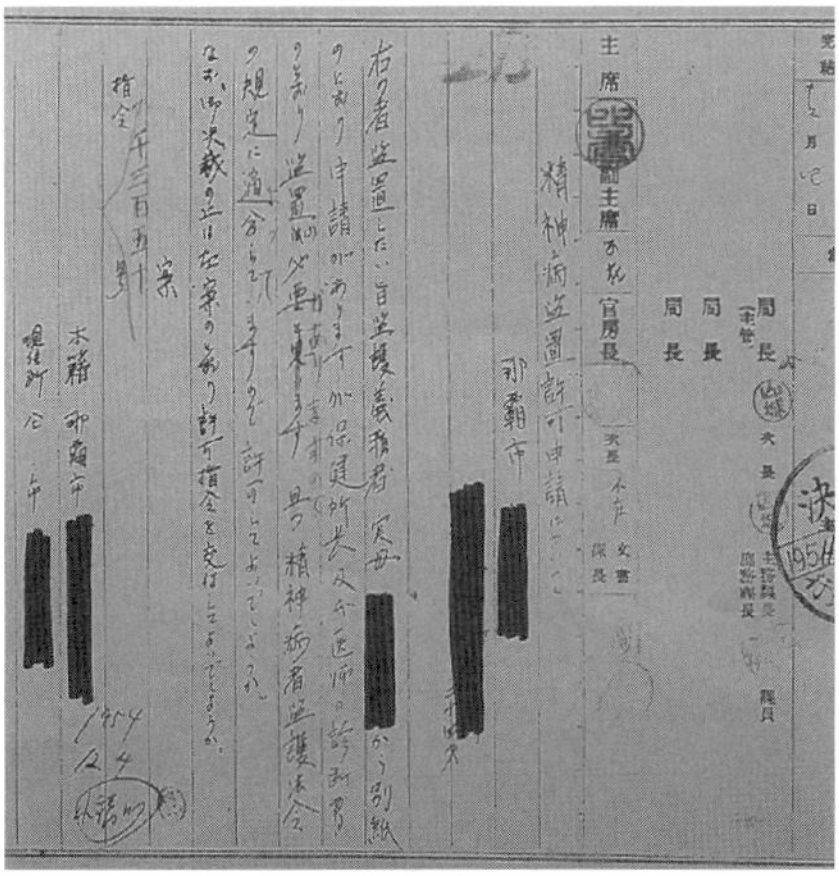

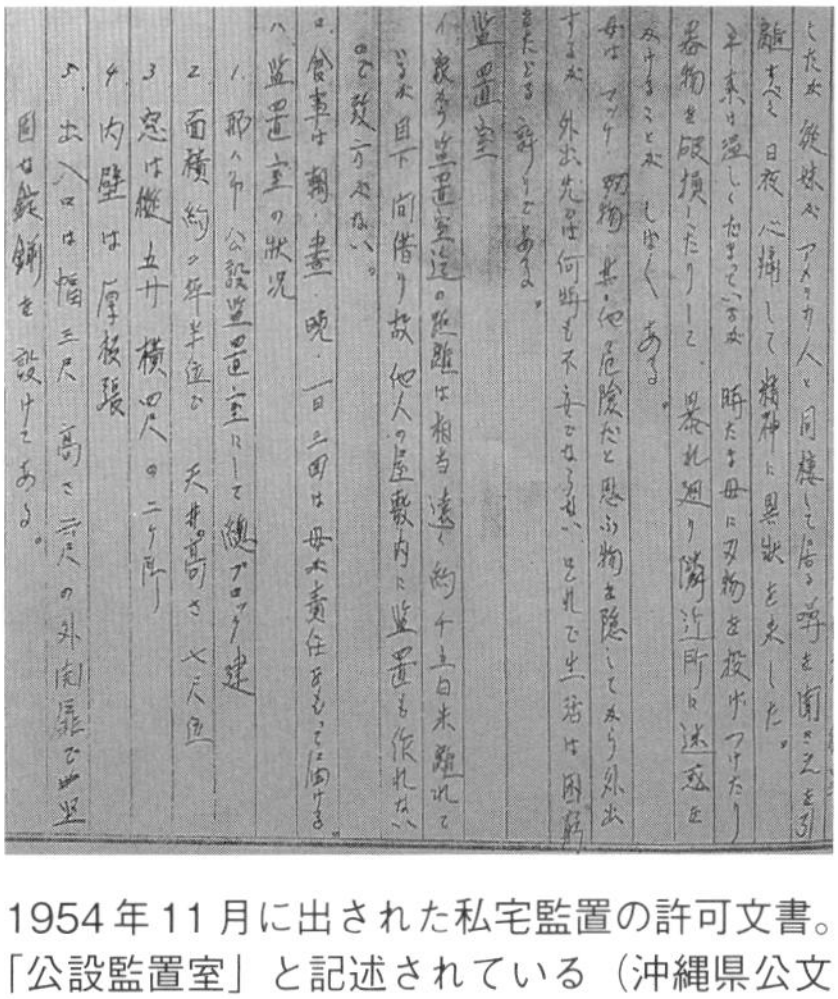

1954年11月に出された私宅監置の許可文書。「公設監置室」と記述されている（沖縄県公文書館所蔵）

「那覇市公設監置室にて総ブロック建。面積約二坪半（畳四畳半）位で、天井の高さ七尺位（二メートル余り）」と書かれており、真和志支所のものより、少し大きかった。

患者は、那覇市在住の二四歳男性。診断名は、躁うつ病と記されている。六一歳の実母が保健所に申請をし、手続きが進められた。父は沖縄戦で死亡。母と子どもたちで南洋から引き揚げてきた。患者は三人兄弟の末っ子。二人の兄は戦争前後に相次いで亡くなっている。つまり、申請当時は母と息子の二人家族だった。

「従姉妹がアメリカ人と同棲しているとの噂があり、引き離すべく、日夜心痛して、精神に異常を来した」とある。

金武村の琉球精神病院に入院していたが、申請の二か月前に退院。理由は、「ベッド運転の意味から」と母は聞かされた。つまり、待機している重症患者に病床を開けるためだった。しかし、その後、息子は症状が悪化した。

「突発的に発作を起して凶暴性になり、時に器物を投げ、再三暴力をふるい、女の私一人ではどうする事も出来ず、処置に困っております。そのまま放置すると……社会に不安の種を蒔くおそれがあります」

困った母の訴えを受け、保健所はこう記した。

「目下、間借り故、他人の屋敷内に監置（室）も作れないので致方がない」

部屋を借りて住んでおり、監置室は作れない。それが、公営監置所で受け入れた最大の理由だった。

母は魚の行商を営んでいた。生活は困窮していたが、許可文書には「食事は、朝・昼・晩、一日に三回は母が責任をもって届ける」とある。家から監置室までは約一五〇〇メートル離れており、食事を運ぶのは、母にとって大変な労苦だったはずだ。

「採光換気が不充分の様に考えられる」とも記されているが、対策は取られたのだろうか。そこは悪臭が充満する暗闇だったと思われる。

一九六二年、精神科医の平安常敏さんも、那覇市首里支所にあった別の公営監置所を訪れている。一九五三年に増設され、岡庭さんが「墓を改造した石牢のようなもの」と記した監置所と思われる。

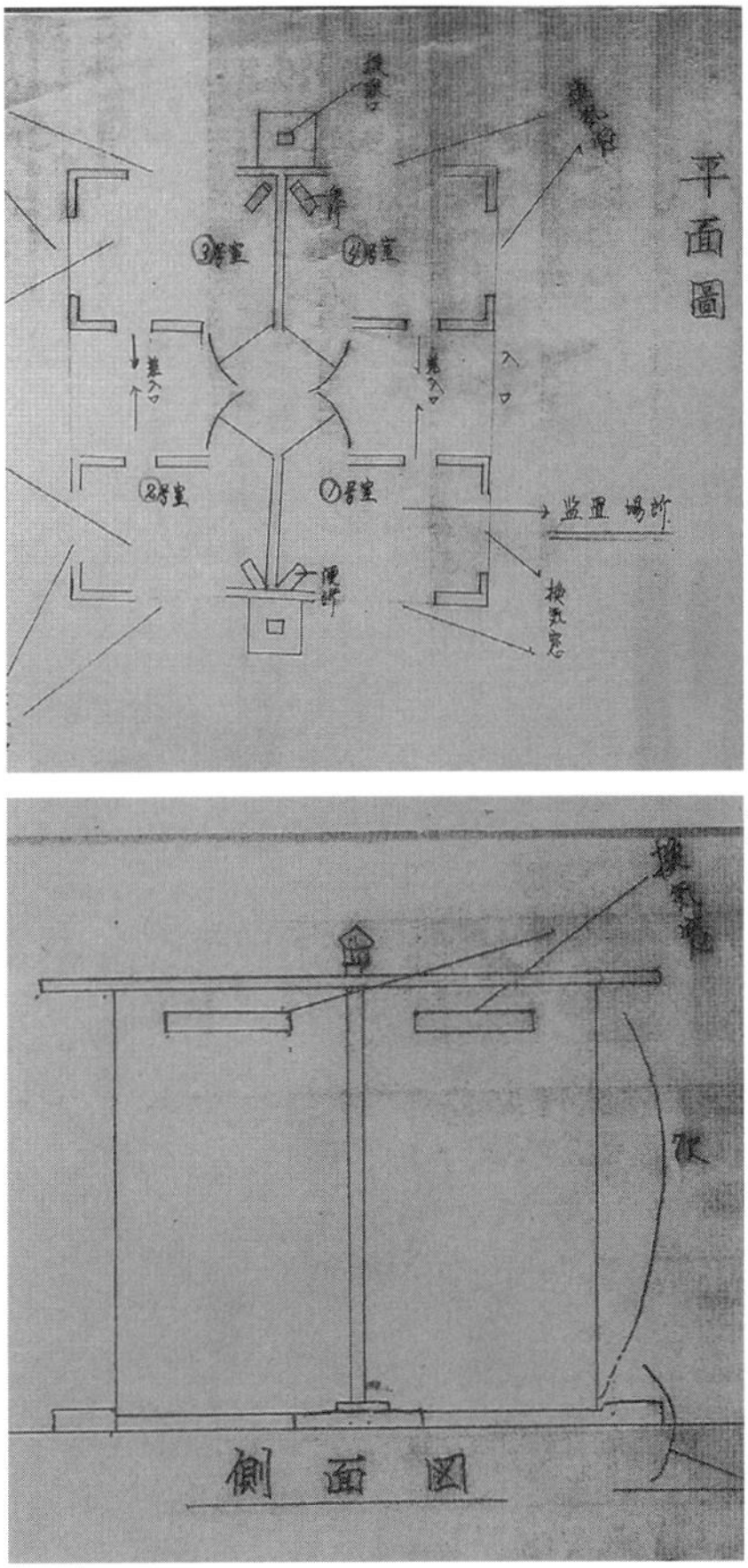

那覇市公設監置室の図面。男性は１号室に監置されていた。換気窓が非常に小さいことが分かる

その時の感想を平安さんは、こう記した。

「あの環境におかれたら、まともな人なら数日ともつまい。しかもその入口には、こんな札が貼られていた。『この中にいる者は人を殺したり、傷つけたりする狂暴性の精神病者である。近づくと危険』」（『沖縄における精神保健福祉のあゆみ』二〇一四年）

いかに世間の目が精神障害者に冷たかったのか。その公営監置所は、人里からはるかに離れた、墓場のまっただ中の湿地帯だった。

14 台湾では……

✺貧困救済施設で

台湾でも、私宅監置があった。日本の植民地だった時代のこと。一九三六年から、台湾でも精神病者監護法（精神病院法）が制定されていたのだ。

ちなみに、いわゆる〝外地〟では、樺太でも私宅監置は行われていた。朝鮮半島では法整備されなかったため、私宅監置という枠での隔離は行われていない。

日本や沖縄の私宅監置と、台湾のそれは、何か違いがあったのだろうか。台湾にも届出資料があるはずだが、失われたのか、埋もれているのか、ほとんど発掘されていない。これまで、調査が行われたこともない。

二〇一八年九月、私（原）と橋本明愛知県立大学教授が、乏しい手がかりを頼りに、初めて現地調査を行なった。沖縄那覇からだと、飛行機は一時間半。東京に行くより近い。

台北駅から車で一五分ほど西に行くと、龍山寺という寺院がある。古くから貧困者が多く暮らし、

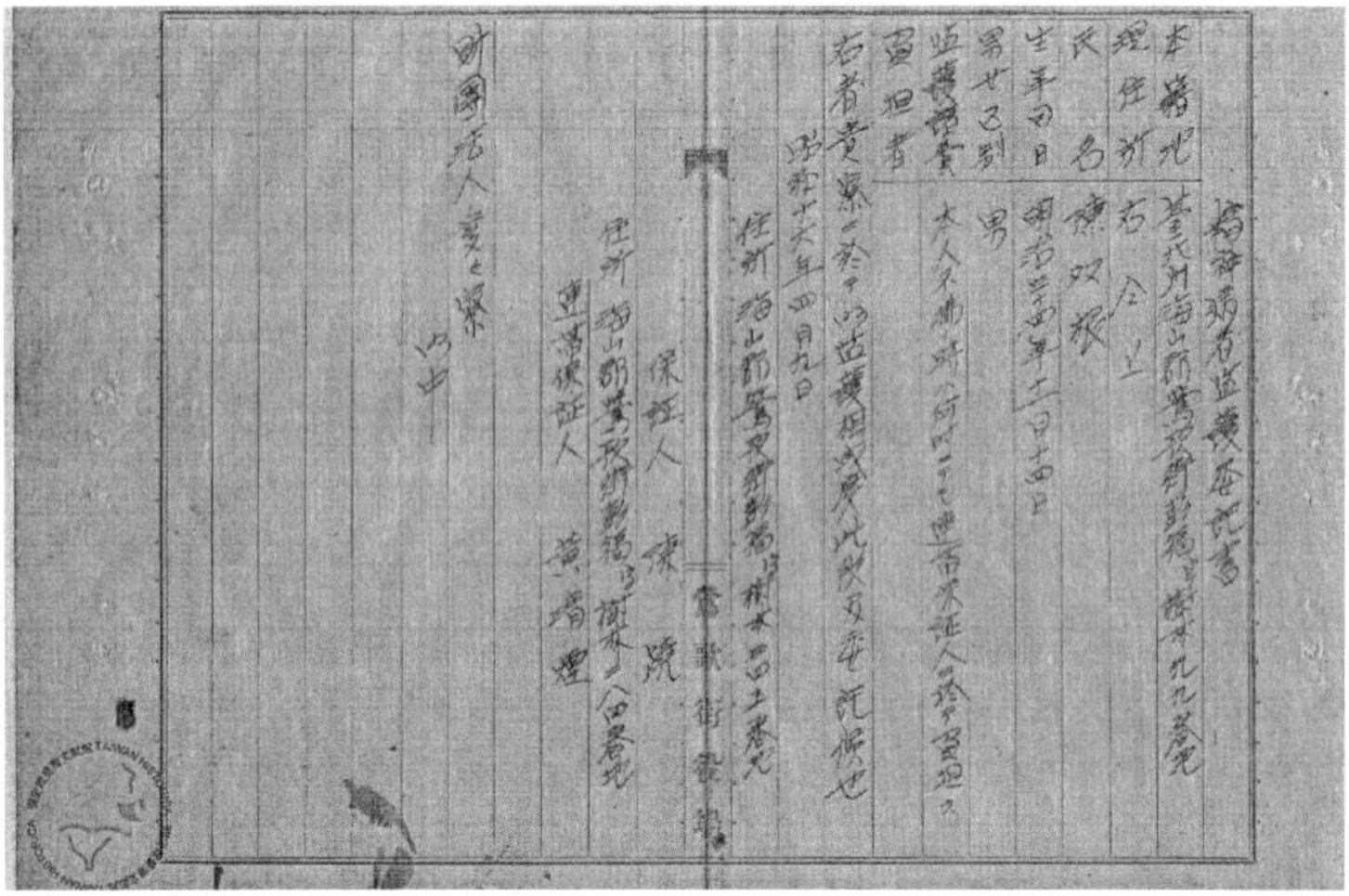
精神病者監護委託書
昭和十六年四月九日
財団法人愛々寮 御中

「精神病者監護委託書」。宛先は愛愛寮。新北市立図書館所蔵（台湾）

今も治安が良くないとされる地域だが、すさんだ雰囲気はなく、公園では多くの高齢者がのどかに囲碁を楽しんでいた。日が暮れると夜市が立ち、地域の住民で賑わっていた。屋台が並び、肉や野菜、果物、衣服や宝飾品など何でも売っていた。射的のゲームに興じる幼い子どもの姿も多く見かけた。

　そんな町に、愛愛院という高齢者施設がある。歴史は古く、一九二二年に貧困救済施設として建てられた。元の名は「愛愛寮」。施乾《しかん》という人が、私財をつぎ込んで作ったと言われる。

　自宅で監置できない貧しい家庭では、公営監置所や、こうした施設に、精神障害者を預けた。そして、〝私宅〟ではないが、「私宅監置」という法律の枠で隔離された。

　写真の公文書を見ると、愛愛寮が私宅監置を依頼されていたことが分かる。

施乾氏の次女・美代さん（一九二九年生まれ）が健在で、戦前の愛愛寮のことをよく覚えていた。日本語が上手で、上品で聡明な女性。「ふるさとの人ですから」と、満面の笑顔で迎えてくれた。美代さんの母・照子さん（施乾氏の妻）は、京都出身の日本人である。

「小学校四〜五年の頃、よく父の後にくっついて精神病者の所に行きました。真ん中に廊下があって、お部屋が両方にあるんです。ロウヤみたいな。小窓から時々ね、便をふっかけてくることがあるんですよ。見まわる人の通る影があるでしょ、それ見て、こう、ぎゃって投げる（手で素早く投げる仕草）。重い症状の人は、ひと部屋にひとり。若い人が多かったですよ。部屋の隅にトイレがあって。板のふたがありました。外の溝に便が流れるようになってて。半月に一度、大きい車が来て、それを掃除して、田畑の肥料に持っていくわけ」

愛愛院の壁に貼られた沿革のパネルに、「要監置精神病」とあった

美代さんの記憶では、部屋にひとりで入っている重症患者は、少なくとも二〇数人はいた。彼らが、私宅監置患者と思われる。その収容棟には、週に一度、医者が診に来ていた。

電気ショック療法が、とてもつらそうだったという。

「治療法はね、電気で、ガッとここね（こめかみを両手で押さえて）、こうするんですよ（ショックを受

施美代さんが、かつて精神障害者が私宅監置されていた隔離棟を案内してくれた。現在はデイケア棟として使われている。この廊下の左右に隔離部屋が並んでいた

ける仕草）。私、小さい時だけどね、見ただけでかわいそうだなあと思って。それで治る人って、率が少ないですね。脳を刺激するって意味らしいんですよ。あの方たち（医師）はね、研究して、何度の電気、どれくらいの時間とか言ってね、記入してましたよ」

愛愛寮の諸手続きなどは全て、金子光太郎という人が行っていた。金子という名前が書かれた資料を、施美代さんに見てもらった。

「（Q金子さんは知ってますか？）金子さんは、愛愛寮のね、法律上のことをとても助けていたそうです。金子光太郎。弁護士です」

一緒に聞いていた橋本明さんは、美代さんの記憶の確かさに目を丸くした。

「記憶がすごい。（金子光太郎さんのことを）調べてはいたんだけど、確認できた。間違いない。美代さん、記憶がすごくはっきりしてる」

愛愛寮に私宅監置を依頼した公文書に、精神障害者の男性の名前と住所が書かれている（一五八ページの写真参照）。その男性は、その後どうなったのか。

戸政事務所に行き、資料に書かれた住所の現在の場所を聞いた。残念ながら、おおまかな地域名しか分からなかった。そこで、その地域に行き、九〇歳くらいの住民を見つけては資料を見せ、男性の手がかりを探った。誰に聞いても、なしのつぶてで、全く覚えがないという。話が聞けたのは戦後に移り住んだ人ばかりだった。

日本で言えば区長に当たる、地域の里長にも会い、古い時代のことを知っている人を紹介してほしいとお願いした。しかし、「ここは移住者が多い地域で、日本統治時代からの住民はいない。皆、亡くなってしまった」との答えだった。

七〇年以上前のことを、今から新たに掘り出すのは困難極まりない。私宅監置について、沖縄で多くの証言や資料が得られるのは、四〇数年前（一九七二年）まで法的に認められていたからである。

台湾は、〝親日〟だと言われる。統治していた日本によって近代化が進められたと、感謝するお年寄りは多い。その後の国民党独裁政権がひどかったためか、日本の植民地時代が良かったと振り返る人すらいる。

私宅監置について台湾で取材したいと台湾の友人に話したところ、ある男性から次のようなメッセージをもらったと教えてくれた。

「殊更日本の悪口を言うことには 反対意見です。今頃になって 救われる人はいないでしょう。気分悪くなるばかりのお話で日本の現代の病気ですね！　自虐思想には呆れて居ます」

三〇数年前に台湾に移り住んだという、ある日本人の意見。友人によれば、多くの人が似たような思いを持つだろうとのこと。取材の参考にと、アドバイスしてくださったのだ。

しかし、私には、「自虐思想」と切り捨てるその意見は、マジョリティにとって都合の悪い歴史に蓋をする歴史修正主義と思えてならなかった。私宅監置に直接関わった家族や地域住民が、〝恥〟の意識や自責の思いから事実を隠そうとするのとは質が違う。

精神障害者を動物以下の扱いで隔離し、命を破壊していった日本国家の罪責を、なかったことにしようとする力学が、至る所で働いていることを痛感した。

一緒に台湾に行った橋本明さんに伝えたところ、すぐに返事がきた。

「月並みのイデオロギーに染まって、歴史を直視できない人たちが、まだたくさんいるのですね。こういう人たちが、結局は精神医療を遠ざけ、駄目にしてきた元凶でしょう」

✺差別構造

日本でもそうなのだが、台湾でも、精神病者監護法の施行以前から、隔離監禁は行われていた。台北医学専門学校にいた竹内八和太氏は、一九三〇年にこう報告している。

「患者を縄で縛り、鉄鎖を以て繋ぐのは、極めて普通のことで、（中略）不潔で、光線の射入無く、空気の流通も乏しいのみならず、其取扱も過酷で医療を加えられない者も甚だ多い」

各家々で勝手に行われていた隔離や拘束を、法律の施行によって公的に管理しようとしたのが日本国家だった。

日本や沖縄と同様、台湾にも公営監置所があった。台湾のある公文書には、「公営監置所に入ると、全ての世話を行政が行うと家族が思い込んでいる。その考えを改めたい」といった内容が書かれている。

理由は、市街庄（日本の市町村）の負担が大きいからだという。それまでは、食事や衣類などを公費で見ていたが、今後は「衣食の供与は無し」、つまり家族に負担させて、公費を減らそうとした。

「戦後の沖縄スタイルと同じですね……」

資料を入手した橋本明さんは言う。行政は単に場所を貸すだけ、つまり食事などを家族が運ぶ〝沖縄スタイル〟が、台湾でも採用されることになった。法律施行五年目のことだ。裏返せば、それまでは行政が衣食の面倒も見ていた。

別の資料を見ると、台湾各地に多くの公営監置所が作られていたことが分かる。台北地区だけで、二九か所に設置されていた。

台湾では、僻地《へきち》取材などできていないので、社会的な手が伸びていない精神障害者が、当時どれくらいいて、どのような状態で生活していたのか、分からない。しかし、一九七二年までの沖縄に比べ、一九四五年までの台湾の方が、精神障害者に対する公的な対策がそれなりに取られていたと思えてならない。

台湾の植民地支配に、日本は力を注いだ。南方侵略の重要拠点だったためだ。複数の精神病院が戦前の台湾に作られていたのは、その一環ではないだろうか。

初めての精神病院は、台湾総督府立養神院だ。台湾総督府は日本の行政官庁であり、国立の病院とも言える。一九三五年に院長だった中脩三医師が、「社會事業の友」という雑誌に、こう書いている。

「精神病隔離の目的は、決して結核やらい（ハンセン病）のように伝染を恐れるのではない、主として社会的に危険だから隔離せねばならないのである。もしも精神病院が、精神病の社会的危険性を除くことができるとするならば、それこそ意義があると言えよう」（「社會事業の友」第八五號一九三五年）

社会から〝危険〟を取り除くこと、社会防衛が隔離の目的であったことは、日本や沖縄と全く同様である。ただ、養神院では、隔離は一時的な措置であり、患者をなるべく早く治療して〝無害〟な状態で社会に戻そう、という方針が立てられていた。

「精神病院は単に、家庭において厄介なものを棄てて置く所ではない。家庭になくてはならぬ人を救助し、あるいは社会的に真に有害な者を無害となす所である」「本病院を内地同様、単なる保護病院としてしまうか、それには吾々の良心が許さない。なるべく早く、短日月で患者を治療し、患者費を節約して、しかも社会的に意義を失わない様にしなくてはならぬ。この方針が現在、我が養神院の取りつつある方針である」（前出「社會事業の友」）

記録を読む限り、日本本土の〝収容型〟ではなく、患者の〝社会復帰〟を考えて、早く退院させる医療が目指されていた。

二〇一八年九月、その養神院の跡地を訪れた。

台湾は、地下鉄網が充実している。バリアフリーは、日本より進んでいるように思えた。養神院跡地は、地下鉄の永春駅の南西、歩いて三分くらいの所だった。

七階建ての大きな団地が九棟、建ち並んでいた。その広大な土地全てが、養神院のものだった。人通りはほとんどなく、古くからの閑静な住宅地という印象で、かつて精神病院があった痕跡は何もない。

養神院の跡地

一九三〇年代、台湾にあった精神病院（精神科）は、呉秀三の弟子である中村譲医師が作った私立養浩堂、台北帝国大学附属病院の精神科、高雄慈恵院、台中静和医院、永康荘医院などがあった。台北仁済院という公立の一般病院にも、精神病棟があった。
注目したいのは、入院患者の日本人と台湾人の割合である。一九三九年から一九四五年の七年間に台北帝大付属病院精神科に入院した患者は、合わせて七八〇名。そのうち日本人が五四四人で七割、台湾人は二三六人で三割だった。他の精神病院の割合もさほど変わらない。

〝日本人は精神病院、貧しい台湾人は私宅監置〟という差別構造があったと言える。養神院の中院長は、率直にこう書いている。

「現在、主として余裕のある家庭の患者を取り扱っている関係上、本院は他の社会事業と異なり、現在においても支出の半ばは、之を収入している」「いくら国家事業にしても予算が無限にあるべきはずがない。社会事業施設がかくのごとく自給的に発展してこそ、その意義があると思う」（前出「社會事業の友」）

つまり、主に裕福な日本人を診ており、支出の半分はまかなえている。養神院の場合は、日本の国家予算が投入されて採算を取っていた。

裏返せば、当時の貧しい台湾人の精神障害者は、入院できず私宅監置された。私宅監置棟があった愛愛寮で、創立者（施乾氏）の次女・美代さんは、こう話した。

「（Q愛愛寮の精神病者は、日本人が多かったですか？　台湾人が多かったですか？）台湾人が多かったですね。うん。あの時代はね、日本人は、ちょっと位が高いの。お部屋でもね、明るい所へ入れる。私、父にね、どうしてかって言ったら、程度が違うからって」

暴れて手に負えない台湾人の精神障害者を、家族が愛愛寮の門の前に残して去ってしまう例もあったという。患者の名前が分からないこともあった。愛愛寮では、そんな彼らを受け入れた。

「症状のひどい人はね、外からホースで洗うの。そして、タワシみたいなのでね、外から手や足を洗ったりして。着物は、汚れたらね、二人がかりで。一人が押さえつけて、一人は着せる。暴れるから。時々ね、そばにあるもの、投げてくるよ。茶碗とか、筆とかね。手早いですよ。時々は三人がかりでないと。噛んでくるからね、髪の毛ひっぱったり。私の父は真剣な目でね、やってるけど、私はいつも見て、面白くて笑ったりして」

身体を洗ったり、衣服を着替えさせたりと、私宅監置の枠組みでも、それなりに患者のケアが行われていたことが分かる。

植民地台湾の精神医療が比較的手厚く整備されているのに対し、その頃の沖縄には、精神障害者のための病院や収容施設はゼロだった。家族以外の者が二人がかり、三人がかりで精神障害者の身体を洗うようなことは、戦前の沖縄にはなかった。台湾の取材で思い知らされたのは、沖縄がいかに〝見棄てられた土地〟であったかということである。

戦後、台湾の精神医療はどうなったのか。国民党の独裁政権となり、日本人の財産は没収、日本人の医師らは引き揚げることになった。一九五〇年代終わり頃から、台湾の優秀な医師がアメリカに留学し、そのまま定住する〝頭脳流出〟が始まり、一九八〇年頃まで続いた。国民党政府は、精神保健にほとんど関心を示さなかった。多くの精神障害者にとって、戦後は、日本統治時代よりも過酷な状況が続いたと思われる。

一九八〇年代に精神障害者の施設八〇か所を調査した陳永興さん（一九五〇年生まれ）によれば、

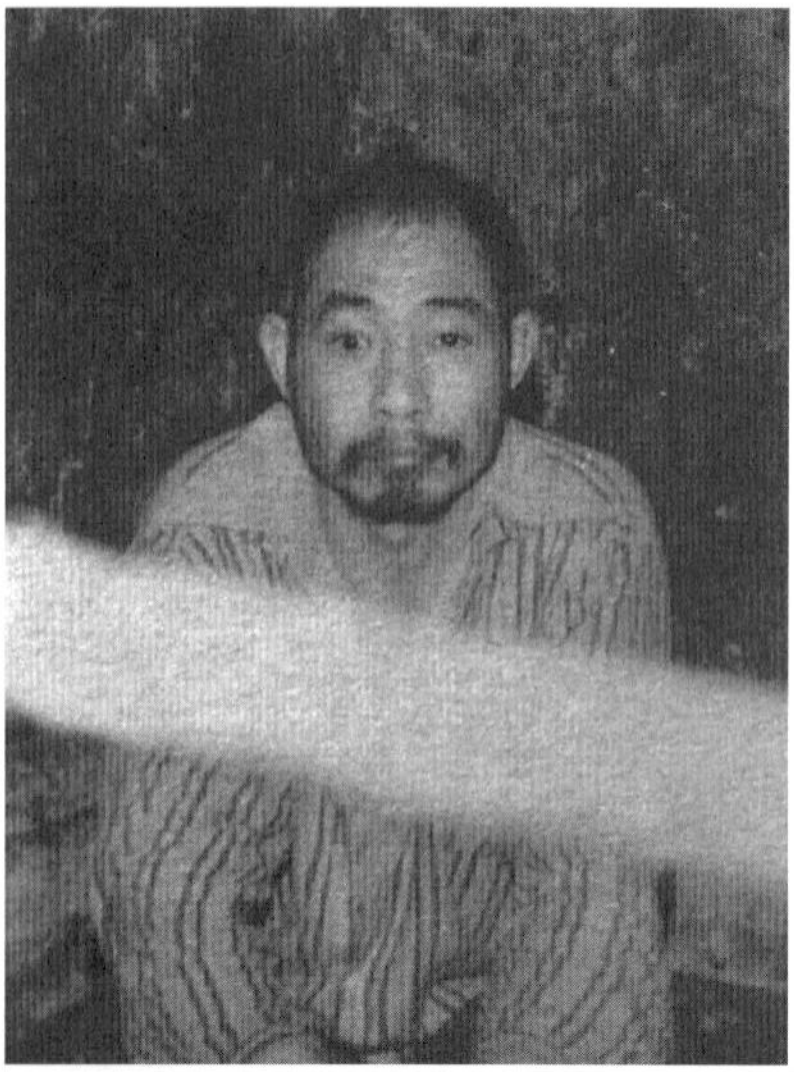

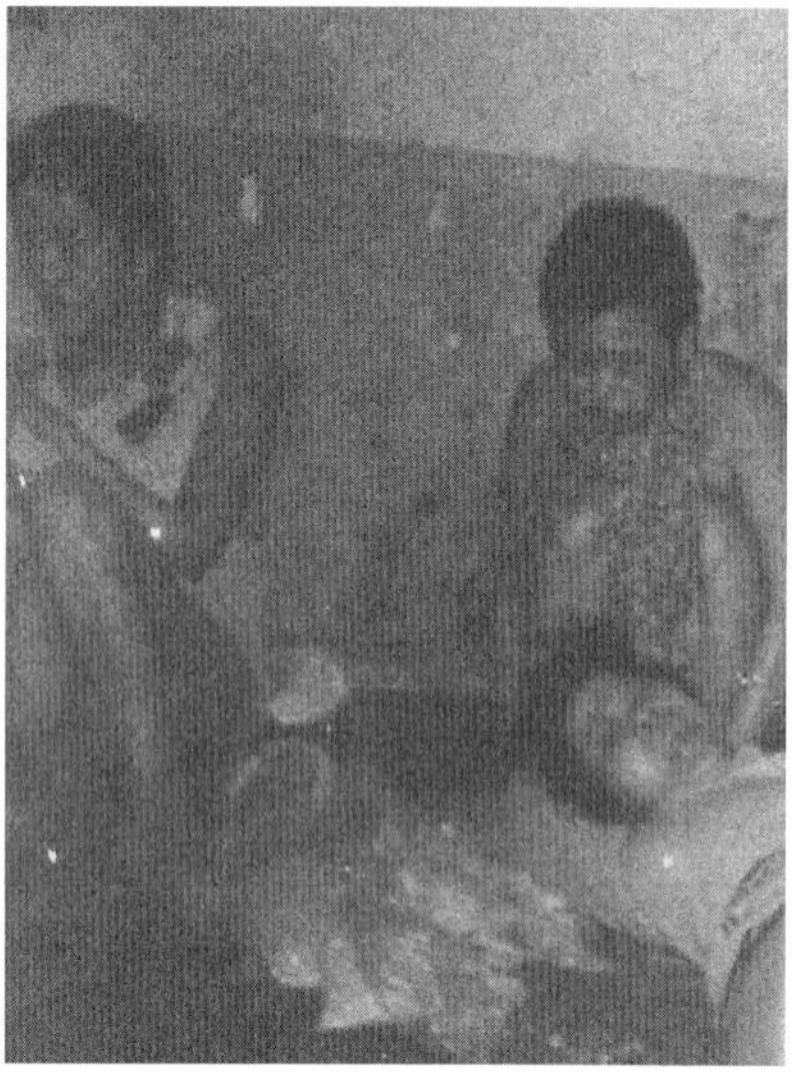

説明する陳永興さん

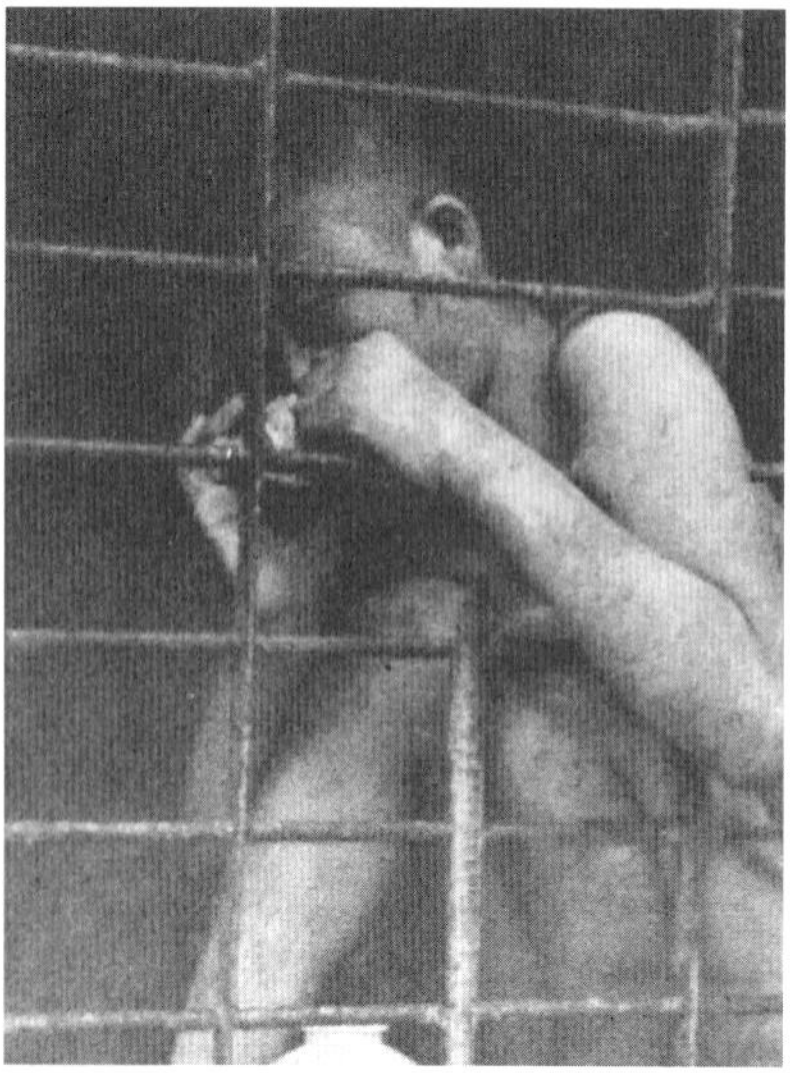

「飛入杜鵑窩：台灣地區精神醫療實況報導」
（陳永興著　初版 1981 年6月）

写真（一六八ページ）のような精神障害者の隔離は、ずっと当たり前のように行われていた。

一九八五年以降、国民政府は、ようやく地域精神医療の発展計画を立て、精神障害者の社会復帰に取り組み始めたようだが、一九九〇年に精神保健法が制定されるまでは、〝無法〟状態だったと陳さんは言う。

「人知れず、家で隔離されている精神障害者は、今でもいるだろう」と、障害者団体の事務局長は語った。隔離拘束の実態把握が難しいのは、台湾に限らず、日本でも同じである。

台湾では、一九九五年から全民健康保険を実施。陳さんによれば、九〇年代以降、台湾の精神医療は、日本とアメリカをモデルに刷新された。だからだろうか、現在の台湾には、日本と同様に長期入院の問題があるという。

「（Q長い人はどれくらい入院していますか？）二〇年はざらですよ」

陳永興さんは、そう語った。日本が台湾の精神医療にもたらした様々な〝影響〟について、検証すべきではないかと思う。そして、今後のより良いあり方を共に模索すべきではないだろうか。

15　西アフリカでは……

✹伝統的なヒーラー

精神障害者の隔離監禁は、古今東西、行われてきた。二〇一八年六月、西アフリカのコートジボワールを訪れた。

フランスの植民地だったため、多くの人がフランス語を話す。民族が六三もあり、それぞれ言語にも違いがあるため、フランス語が共通語になっている。

チョコレートの原料になるカカオは、コートジボワールが世界生産の三五％を占め、世界最大の生産国だ。しかし、カカオ農園では八〇万人の児童労働があり、人身売買も問題になっている。背景は、なんと言っても貧困である。世界中で莫大な利益を生む巨大なチョコレート産業が、アフリカの貧困を土台にしていることは、世界経済の今を象徴していると思う。

西アフリカでは精神病院が極めて乏しく、多くの地域で、伝統的なヒーラー（治療師）が患者を診ている。重い症状の精神障害者は、多くの場合、鎖で木につながれている。

ニューヨーク・タイムズ国際版（2015年10月18日付け）

訪問のきっかけは、ある新聞記事の切り抜きである。大きな写真が目を引くニューヨーク・タイムズの記事。尊敬する先輩ジャーナリストが送ってくださった。西アフリカのトーゴで、複数の精神障害者が木に鎖でつながれている。皆、うなだれており、あきらめや絶望の鬱積が見て取れる。

写真の場所には、ドイツの国際ＮＧＯが医療支援のためにアプローチしていた。

私が訪れたのがトーゴでなかったのは、ドイツのチームが、二〇一八年はコートジボワールとブルキナファソを訪問すると聞き、同行取材をお願いしたためだ。ドイツチームは、隔離拘束された精神障害者をなんとかして解放しようと、西アフリカ各地で一〇年以上、尽力している。

撮影を始めた矢先のことだった。コートジボワールのブアケでのこと。車窓を撮っていたところ、突然警察官が現れ、私はとっさにカメラを隠してしまった。すぐに車を止められ、警官がやってきてカメラを没収された。

ドイツチームが説得を試みたが、警察署に連行されることになった。二〇一〇年頃まで、内戦をやっていた国であり、当時、ブアケは反政府軍の重要拠点だったため、現在も警察はピリピリし、目を光らせているとの説明。もちろん、先方の狙いはお金だったが、ドイツチームは金を渡すことを拒否した。

ブアケの市長など地域の有力者にも連絡がいって、大騒ぎになってしまった。二時間ほどで無罪放免されたのだが、くれぐれも慎重にしろと、ドイツチームに釘を刺されてのスタートだった。

コロゴの郊外、クルフォアカ集落

実際には内戦のにおいはほとんどなく、都市部を見る限り、目覚ましい経済成長のただ中で、人々がそれを望んでいることが肌で感じられた。

ブアケからさらに北へ、車で半日かけて移動。コートジボワール北部のコロゴという町の郊外で、伝統的なヒーラーを訪ねることになった。

舗装されていない、赤土のでこぼこ道を進む。庭にはロバがつながれている。軒先では、ミシンで洋服づくりをする女性。そのまわりを、裸の子どもたちが駆けまわる（一七二ページ参照）。貧しいけれど、ゆったりとして素朴な暮らしぶりが印象的だ。

伝統的なヒーラーのバカリ・ソロさん

そんな村の中に、彼の施設はあった。地域住民の信頼を集めているという伝統的なヒーラー、バカリ・ソロさん（一九六一年生まれ）。

背が高く、威厳を感じさせる一方、にっこりと微笑むと親しみと温かみが感じられた。庭では、薬草が大きな鍋で煮こまれていた。バカリさんが森で採ってきたものだ。ヤギ小屋が古いので、修理するのにお金が要るとしきりに訴えていた。

二〇人ぐらいいだろうか、その施設で寝泊りしているようだった。多くが精神障害者だ。地域の福祉施設の

四つ辻に着いたところ。中央左に立つのがバカリさん。抱えられているのが患者。幼い子どもが付いてきていた

ような役割もあるのだろう。

　バカリさんの所に重い精神障害者がやって来ると、日没の時間、すぐ近くの四つ辻（道が交差する場所）に連れて行かれる。

　特別に許可を得てついて行くと、大鍋で薬草が煮込まれ、暗い紺色の空に湯気が立ち上っていた。なんだか、見えない力がそこに働いているように思えてくる。

　患者は裸にされ、その薬草の汁を、バカリさんの手で全身に塗り込まれていく。ひしゃくで頭から、かけたりもする。身体をこうして〝洗われる〟のだ。患者は、特に嫌がる様子でもなく、バカリさんに身をまかせていた。この〝治療〟は三日間続けるという。

　これには意味があると、バカリさんは言う。四つ辻で行うのは、そこが風の通り道であり、悪い邪気が出て行くようにするため。そして、裸になって体を洗うのは、〝あなたは何も悪くない。恥ずかしくない。病気なのだから〟と、本人に分かってもらうため。そう説明され、私はなるほどと感心した。

患者たちは、周囲から〝悪いのはお前だ〟と言われ、否定されてきたはずである。その彼らにとって、「あなたは悪くない」と言われることは、救いに違いなかった。

治療方法は、とても怪しげなものである。しかし、バカリさんが、抱きしめるように患者の体を洗う様子からは、何より愛情が感じられ、私は好感を持った。

体を洗われた患者は、バカリさんの施設の前の大きな木の下の鉄棒に鎖でつながれる。良くなれば鎖は外されるが、良くならなければ、拘束は長引く。しかし、日本の私宅監置とは、質的に違うように思えた。

貝殻で診療を行うバカリ・ソロさん

日中、バカリさんが診察する様子も見学させてもらった。日本で言えば、占いのようなスタイル。指の先くらいの小さな貝殻を床にたくさん並べ、それを手でじゃらじゃらと混ぜる。そこから一つ、また一つと貝殻を抜き取っては、新たに置いていく。その結果を見て、バカリさんは患者と話を始める。

バカリさんの気さくで温かい言葉かけを聞いていると、それはいわゆるカウンセリングであり、患者の心に癒しの手が届いているように感じられた。

「ところで……」とバカリさんは、カメラを回す私の方を見て、「彼なんだけど……」と通訳のコナテ・アブバカさん（一九九八年生まれ）を指差した。そして、「彼は食欲がないと思う。頭が痛いはずだ」と言った。私は驚かずにはいられなかった。そこに到着する一、二時間前、移動中の車内で、通訳のアブバカさんが同様のことを私に訴えていたからだ。

アブバカさんは、ブアケから連れて行った人なので、事前にバカリさんと口裏を合わせることはできなかった。身体的な不具合は、顔や雰囲気を見るだけで、分かるのかもしれない。少し調子が悪そうだったアブバカさんの外見で、そう判断したとも言える。ただ、バカリさんの〝超越した力〟を、私はどこかで信じ始めていた。

伝統的なヒーラーと言っても、ピンからキリまであり、悪質な場合、こうした牧歌的状況ではない。林の中で大勢が鎖につながれ、ろくにケアもされず、衛生状態も悪い所は各地にあるという。多くはそのまま亡くなっていく。ニューヨーク・タイムズの写真は、まさにそういう場所である。ドイツチームによれば、ブアケの郊外にも悪質な例を確認しているという。そこは、アメリカのテレビクルーが一度取材をトライしたが、無理だったとのこと。

✺西洋医学とのコラボ

私が訪問したヒーラーのバカリさんは、決して悪質ではない。鎖は一、二週間で外すと話していた。もちろん、鎖による拘束は非人道的な行為だが、患者自身が、どこか受け入れているように私には見えた。

　鎖につながれた写真の男性の場合、母親と兄弟が近くで見守っていた。バカリさんによれば、家族の付き添いがないと、良くならないことが多いという。

　患者が拘束される大きな木は、施設の正面玄関のすぐ前にある。子どもが遊びまわり、日中は常に誰かが行き来しているような場所。〝隠す〟のではなく、皆で〝見守る〟という印象だった。もちろん、当事者にとっては、〝さらされる〟ことでもあり、深く傷つく経験となるだろう。

　しかし、鎖は、分裂し浮遊してしまう魂を一定期間つなぎとめておくための〝命綱〟のようなも

デラボ・ラミンさん。大きな木の下に埋め込まれた太い鉄棒と右足首にまかれた鎖がつながれている

のではないかと感じられた。

鎖でつながれた写真の男性は、デラボ・ラミンさん（一九九四年生まれ）。彼自身に話を聞きたいと思い、いろいろ質問したのだが、全く会話にならなかった。

そばにいた母親、デラボ・マモさん（一九六八年生まれ）が話をしてくれた。

「三年間、息子の行方が分かりませんでした。彼はお金を欲しがっていました。彼が見つかって、病気だと分かったので、連れてきました。すごく暴力的で、私に対してもひどくて、その時は怖かったです。しょっちゅう私は泣いていました。今はもう泣きません。祈っています。きっと、〝スピリット〟が彼を苦しめたのだと思います。この子は、学びもしないのに、いろんな言葉をしゃべれたのです。ブルキナファソの言葉もしゃべれました。行ったこともなければ、勉強したこともないのに」

ヒーラーのバカリさんにも聞いた。

「（Q彼はどうして病気になったと思う？）行ってはいけない場所に行ったためです。そこに行くと、〝スピリット〟を攻撃されて、病気になってしまいます。また、この男の子は、あっという間に金持ちになろうとして、良くないことをやりました。だから、病気になりました」

アフリカの大地を吹き抜ける〝風〟のせいなのか、旅の高揚感からか、バカリさんの気さくな人柄がそうさせるのか、〝スピリット〟などの話が、あまり違和感なく、腑に落ちて聞こえた。

驚いたことに、そのバカリさんの施設には、大学で西洋医学を学んだ精神科医、カルバリ・ゾマナさん（一九六九年生まれ）が、巡回診療に来ていた。伝統的な治療と、西洋医学による薬物治療がコラボレートして、患者を診ていたのだ。その精神科医は、温和で理知的な印象の男性で、バカリさんとは強い信頼関係で結ばれているように感じられた。

患者は、順番に血圧を測り、精神科医カルバリさんの診察を受け、薬を処方される。その後、バカリさんの部屋に行って〝貝殻診療〟を受ける。

印象的だったのは、患者やその家族がヒーラーのバカリさんに対して大きな信頼を寄せていたこと。精神科医に対しては、それほどでもなかった。ヒーラーと精神科医が互いに補完し合い、ある意味では利用し合っている様子が、とても新鮮で、私は心惹かれた。

カルバリ・ゾマナさん（手前）とバカリ・ソロさん

最近まで木につながれていたという男性に、話を聞くことができた。人懐こい笑顔が印象的な、コネ・イブライマさん（一九八九年生まれ）だ。

この施設では、調子が良くなると、鉄棒から鎖を外し、しばらく様子を見る。しかし、足にはまだ鎖をつけたまま。患者は足から首に鎖をまわし、ぶら下げて過ごす。症状が悪化したり、逃げ出した場合は、すぐに鉄棒につながれるという。

「（Q木につながれていた時は、どんな気持ちだった？）、すごく嫌な気分、つらい気分でした。泣いたりもしていました。（Qここに来た時は、どんな気持ちだった？）来た時は、何かをやってるんだけど、なぜ自分がそれをやってるのか、自分でも分かりませんでした。医者は母に薬を渡して、母が水と一緒に飲ませてくれます。伝統的な薬も飲んでいます。（Qこれから何をしたい？）以前は車の修理の仕事をやっていました。良くなったら、またその仕事をしたいです。」

コネ・イブライマさん。好奇心旺盛な好青年。話がまとまらない印象だった

ドイツの国際NGOの事務局であり、新聞記者でもあるウォルフガング・バウアーさんは、伝統的なヒーラーと精神科医によるコラボ治療に、慎重な意見だった。

「（Qコラボ治療は新しいケアの形になり得るのでは？）そんなに簡単ではないかもしれません。あのヒーラーは、心から患者と共にあるという人でしたが、そういう人は都市にはそれほどいません。危険なヒーラーもいます。そういう人は、状況をさらに悪くしてしまいます。慎重に選ばれたヒーラーが、現代医療と手を組むべきです。そうすれば、いい提携になるのではと思います。でも、提携によってひどいことになってしまうかもしれないので、注意深くモニターすべき、というのが私の意見です」

ウォルフガングさんは、一〇年にわたり、悪質なケースを西アフリカで見続けている。その経験が、安易な評価はしないというスタンスを取らせていた。

「（患者は）悪魔に取りつかれていると、皆、真剣に信じています。それがほかの人たちにも悪影響を与えてしまうと思われています。鎖につなぐのは、変に聞こえるかもしれないが、責任感からでもあります。彼らは災いが連鎖しないよう、防ぐという責任を考えているのです。。ある所では、義理の母が亡くなり、隣りに住む人も亡くなったという子どもがいて、奇妙な行動を取るようになっていました。みんな、悪魔の仕業だと思うようになり、結局、学校を辞めさせ、森の中につなぎ、大変難しいケースになりました。そうやって三〇年つながれている人もいます。生きている間ずっとそのままで、亡くなっていくなんてことがあります。当事者にとっては、ひどい屈辱です。それを乗り越え、生還することは、私は奇跡だと思います」

ウォルフガングさんらドイツチームは、そのような形で拘束され、尊厳を傷つけられている精神障害者の解放のために、西アフリカで取り組み続けている。

✺犠牲者の声

かつて、木に鎖でつながれていた人には、ブアケでも話を聞いた。コクク・ヤオ・アルフォンスさん（一九七二年生まれ）。ドイツチームが支援するサンカミユという施設で、妻と娘と一緒に幸せそうに暮らしていた。

アルフォンスさんは、以前カカオやコーヒーを売る仕事をしていた。周囲に暴力をふるうことがあり、兄に家で隔離されそうになった。喧嘩になり、その兄によって、ある施設に連れて行かれた。

「発病した時、自分でも何をやっているか、理解できていなかったです。自分の中に別人がいるようでした。なぜ、殴ろうと思うのか分からないんですけど、とにかく、こうしなきゃいけないという気持ちで、殴っていました。その施設で、私は木に鎖でつながれました。そして暴力をふるわれるようになりました。四人がかりでした。隙をみて、森に逃げ込みました。でもまた、捕まえられました。彼らは、私が悪魔に取りつかれていると言っていました。鎖につながれた時は、病気が良くなるどころか、悪くなっていました。つらかったです」

アルフォンスさんは、その施設からサンカミユの関係者によって救出され、精神病院に連れて行かれた。

「何でも病院だと高いのです。全て自分たちで払わなければならないので。誰かがやってきて、サンカミユに行ったらいいよと母に教えてくれました。全部無料だからと。それで、ここに連れて来られました。最初に注射を受け、その後ちょっと眠って。ここに来てからは、とても気分がいいです」

サンカミユに来て一〇年以上になるというが、彼は毎日、畑仕事に精を出し、ほとんど病気を感じさせない。少しお金ができると、学校に通う娘に文房具を買い与えるなど、穏やかな毎日を送っている。

西アフリカにおける隔離拘束には、ヒーラーの施設や教会など公的な場所で行われる場合と、もう一つある。家族などが勝手に行う例だ。後者は、実態が全く把握されておらず、悪質な場合が多いという。

コートジボワールの北側の国境を越え、ブルキナファソのボボジュラソに向かった。最貧地域の一つと思われるが、道路事情は良かった。巨大なアリ塚を横に見ながら、北東へ車を飛ばした。

ある医療福祉施設に、その女性はいた。以前、家の片隅の小部屋で監禁されていたという。今は精神科医による診療を受け、服薬もしている。食事作りなど自立的な生活をする中で、調子は良くなっており、次週には再び家に戻るとの話だった。

名前は、カボレ・コーカ・ブランディンさん（一九六五年生まれ）。

施設にはゆったりとした時間が流れており、患者はそれぞれ、畑作業をしたり、織物をしたり、ぼーっとしたり、思い思いに過ごしていた。手のふるえやよだれなど薬の副作用が、多くの患者に見受けられた。

「ここにいるのは嬉しいです。同じ病気の友だちがいて、幸せです。食事も良いですし、病気も良くなっています」

か細い声で自信なさげに、でもしっかりと、ブランディンさんは話した。

カボレ・コーカ・ブランディンさん。終始、悲しげな表情をしていた

彼女が監禁されていたのは、畳三畳ほどの暗い〝独房〟だったという。彼女はそこに約一年、閉じ込められていた。食事は、小窓から三日に一度、与えられた。三日に分けて食べるのも大変だったという。トイレは中に設けられていた。沖縄の私宅監置とよく似ていることに驚きを覚えるが、最低の処遇というのは、きっとそういうものなのだ。

私は、沖縄の私宅監置の取材に、大きな欠落を感じていた。隔離されていた当事者に、ほとんどインタビューできていないということ。たとえアフリカまで行ってでも、当事者に話を聴きたいと思った。

「(Q閉じ込めたのは両親?) いえ、亡くなった夫の兄弟です。(Q独房にいた時、どんな気持ちでしたか?) 閉じ込められていた時は、自分は存在していない、自分の存在が無くなってしまったように感じました。まるで死んでいる人のようでした」

ブランディンさんは、言葉少なだったが、率直な気持ちを語ってくれた。表情は穏やか。でも、とても悲しそうだった。苦悩の累積を感じずにはいられなかった。笑顔を遠い場所に置いてきてしまった人のようだった。隔離監禁されることは、存在を消されてしまうことなのだ。彼女の証言がそれを教えてくれる。

家族によって、地域社会によって、精神障害者が無名化され、命を否定されるのは、人類史的な事柄なのである。沖縄でも、日本でも、私宅監置の犠牲者は、ブランディンさんと同じように自分を〝死んだ人〟のように感じていただろう。

「（Qもし閉じ込められていなかったら？）何も起こりませんでしたから。まさか、こういう施設に来て別の人生があるとは、想像もできませんでした。（Q村に帰るのはどんな気持ち？）もちろん、嬉しいです。閉じ込められることは、二度とないといいなあと思います。いろんなことをされましたが、私は彼らを嫌いにはなりません。彼らが私にやったことは良くないことだと、今では理解されていると思います。ここを出たら、病気になる前と同じこと、織物や小さな竹細工をしたいです」

ブランディンさんの家は、その施設から三〇〇キロ以上離れている。施設を出たら、三か月ほど家で過ごし、再び施設に戻って二日間治療し、また家に帰る。これを繰り返すという。

施設の所長、カミル・カボレさん（一九七八年生まれ）は、エネルギーに満ちた口調でこう語った。

「ブランディンのメッセージは、とても強いメッセージでした。小さな独房で三日に一度だけ食事を与えられるなんて、人間扱いではありません。人間の尊厳を奪う行為です。彼女は暴力的だと言われていたのですが、ここに来た時からそんなことは全くありませんでした。精神病になった時、一日のうち数分だけかもしれませんが、通常に戻る時があります、その時、なぜこんなことが私に起こっているんだろう、なぜこんなことをされているんだろうと思うでしょうね」

ブランディンさんの場合、たまたまカミル所長の故郷が近かった。彼が隔離の噂を聞きつけ、聞きまわって発見に至ったのだ。

家族が隔離しているケースは至る所にあるが、実態の把握は難しいと所長は語る。人知れず隔離され、苦しみ続けている無名の犠牲者が、今も西アフリカに、世界中に、数多くいることを心に覚えたい。

「アフリカを〝貧しくてかわいそうな土地〟と考えるなら、取材はしないでほしいです。確かに

施設の様子。左の男性は幻聴が聞こえるのだろうか、ずっと耳をふさいでいた

カミル・カボレ所長。最初は取材に後ろ向きだったが、「アフリカに学びたい」と伝えると一気に心を開いてくれた

私たちは貧しいかもしれません。しかし、お金の支援を得るために、貧しいところを見せるのは、私の考えとは違います。アフリカは進化し、成長しています。多くのアフリカ人が目を覚まし、勇気を持って前進していることを知ってほしいのです。（Q病気の回復に最も大事なことは何だと思う？）愛を与えることです。センターで見てもらったように、どんなに馬鹿馬鹿しい話でも、何時間でも、私たちは患者の話に耳を傾けます」

写真で見る私宅監置
【闇から光へ】

1960年代に岡庭武さんが撮影し、吉川武彦さんに預けられていた写真。沖縄各地にあった私宅監置の実態が記録されている

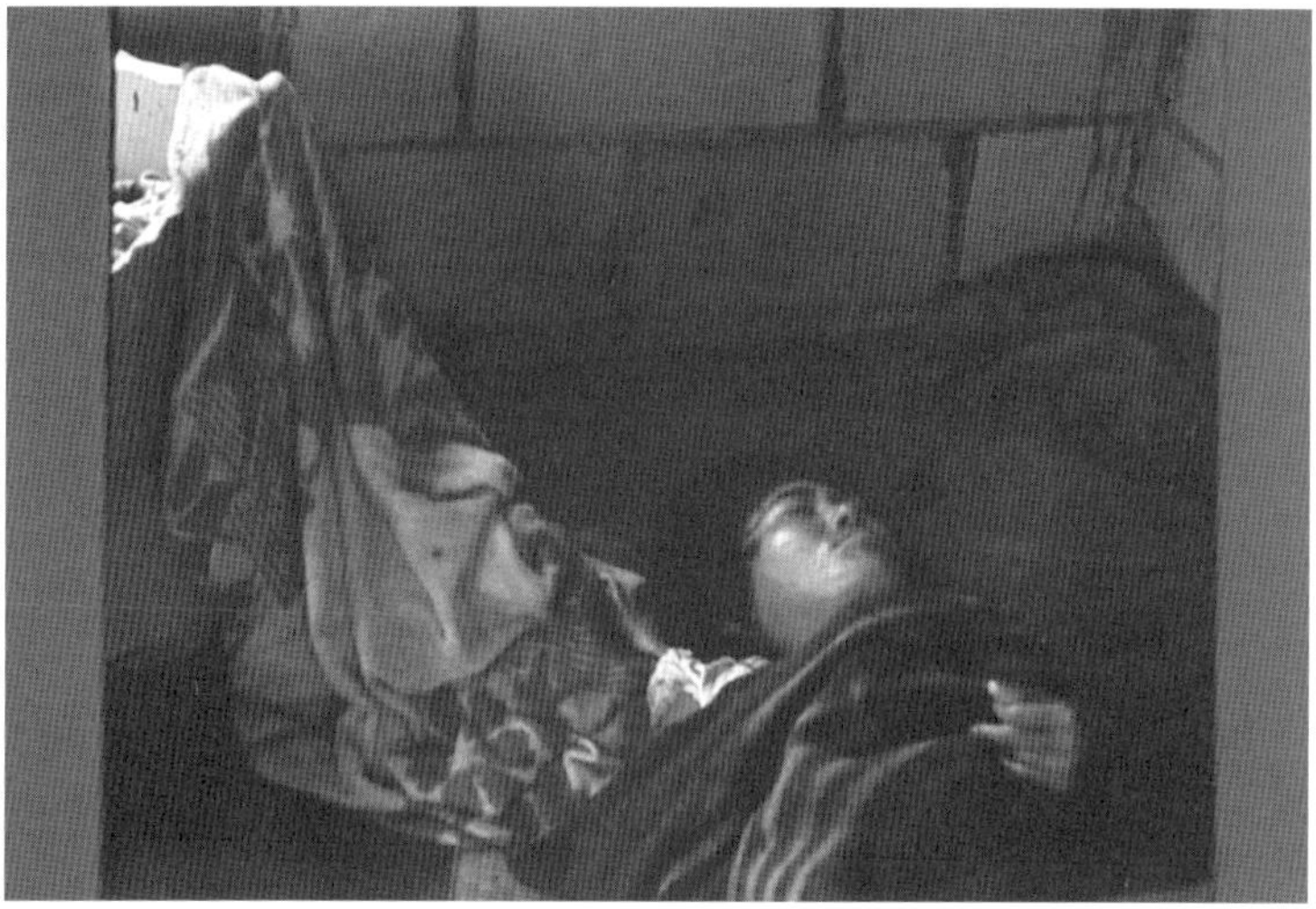

宮古島。1964年4月25日撮影。キヨさん。31歳。監置5～6年（撮影時）。昏睡状態。老母は目が見えない。外国人牧師が世話をしている

石垣島。1964年4月30日撮影。ハルさん。52歳。元監置所で、撮影時は牛小屋。10年前から時々入れられていた。足かせをはめられたこともある

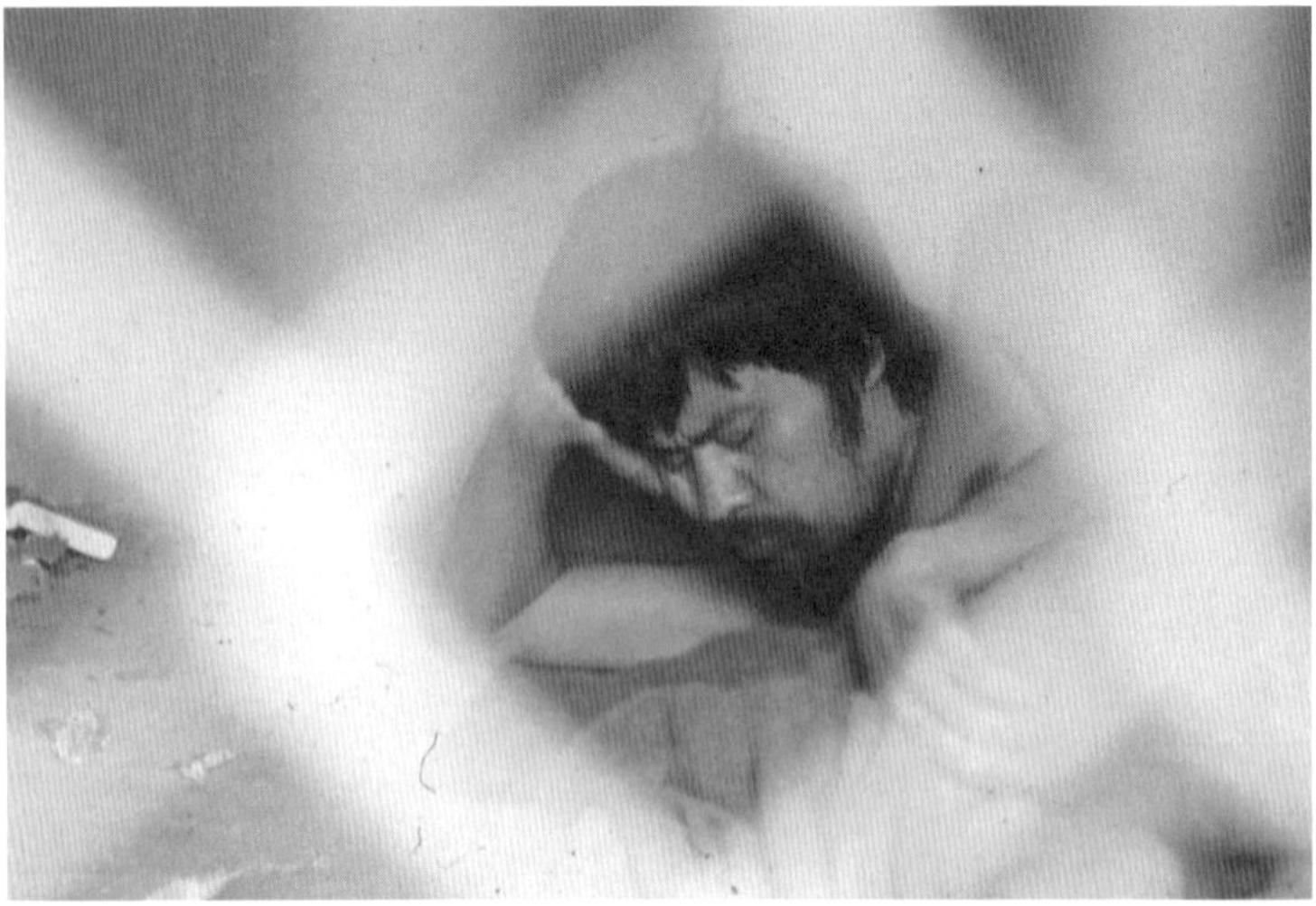

名護町（現在の名護市）。東春さん。30歳、監置5年（撮影時）

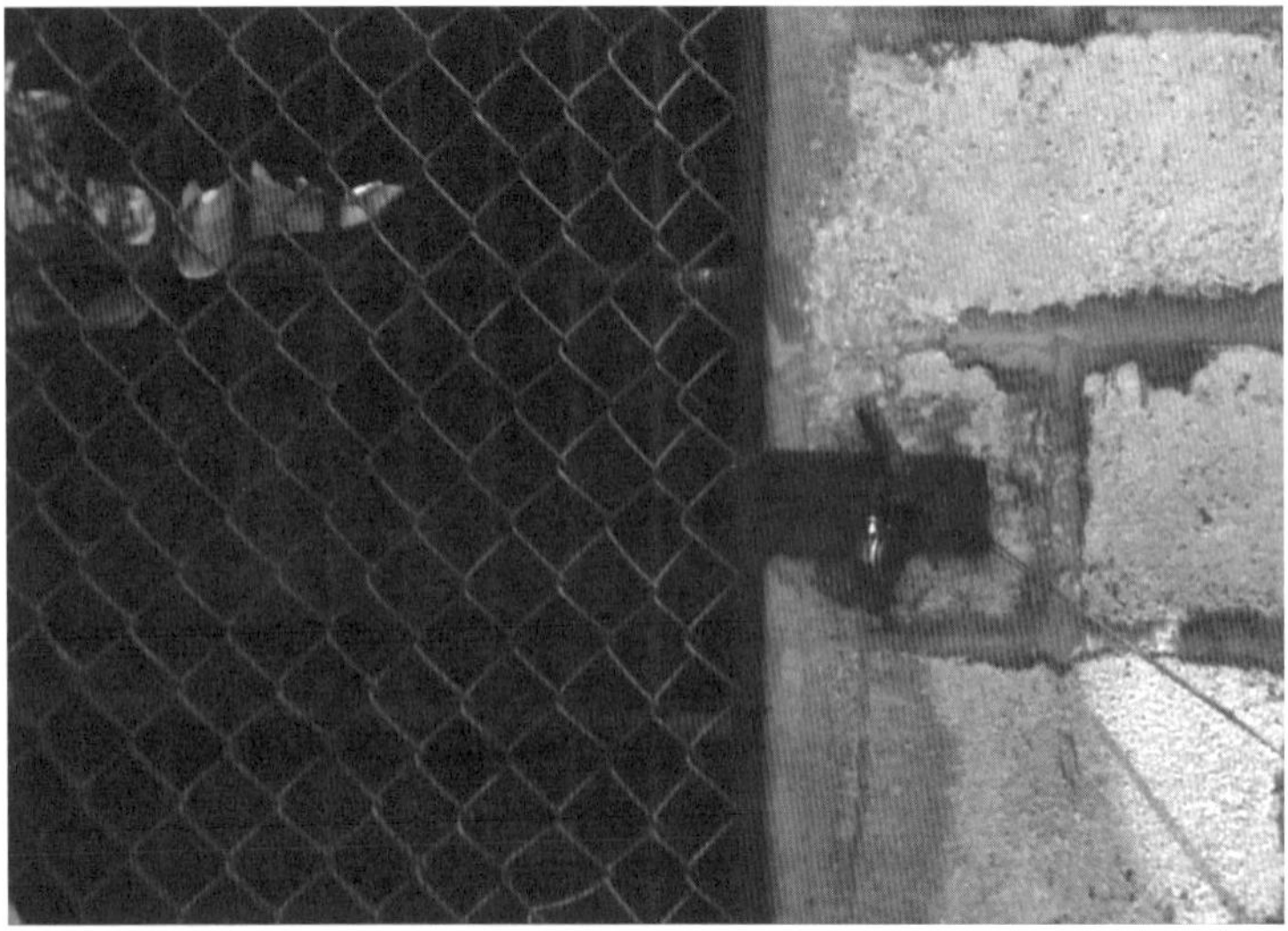

上の写真の東春さんの監置小屋

沖縄島南部。トミさん。41 歳、監置６年（撮影時）

本部町。監置９年の木造の小屋。軟禁状態から逃げ出し放浪中。母と妹も金武村（現在の金武町）の琉球精神病院に通院中

■近現代日本・沖縄の精神医療史略年表■

1875	京都癲狂院（日本で最初の公立精神病院）開院　1882年廃院
1879	東京府癲狂院（現・東京都立松沢病院）発足
1900	精神病者監護法公布（日本で最初の精神医療関係立法） この法律で私宅監置が制度化された
1918	呉秀三・樫田五郎の論文「精神病者私宅監置ノ実況及ビ其統計的観察」が『東京医学会雑誌』第32巻に掲載
1919	精神病院法公布
1938	厚生省設立
1940	国民優生法成立（精神病者の強制的断種などを規定）
1950	精神衛生法公布（精神病者監護法と精神病院法は廃止） 米軍統治下にあった沖縄では、精神病者監護法は残り続けた
1952	サンフランシスコ講和条約が発効 沖縄や奄美は日本から切り離された
1960	琉球精神衛生法公布（沖縄） 沖縄の私宅監置は「保護拘束」の項目で継続された
1961	日本では国民皆保険が実現
1964	ライシャワー事件（精神障害者による米駐日大使への刺傷事件） 岡庭武氏（日本政府の派遣医）が沖縄の精神障害者の実態を初めて調査
1972	沖縄の施政権がアメリカから日本に返還（日本復帰） 「本土法」が適用となり、沖縄で私宅監置制度が廃止された
1987	精神保健法成立（精神衛生法より改変）
1995	精神保健福祉法成立（精神保健法より改変）

解　　説

現存する監置小屋の保存活動とその経緯

公益社団法人沖縄県精神保健福祉会連合会・事務局長　高橋　年男

1　監置小屋の保存活動のきっかけ

「人間扱いどころの話ではない。ブタやイヌでもまさかあんな取扱いはうけてないだろう」（山川文雄「精神衛生」第五号、一九六二年五月二五日）

「内部は殆ど真暗、異臭を放つ」「監置所のある場所は庭先が多いが、物置小屋や家畜小屋に隣接してあるものは極めて不潔、隣の山羊小屋の方がよほど清潔なものがあった」「崖に作った土牢のようなもの、周囲に樹木が生繁って風通しが全くないもの、僅か十×十センチの小窓が一個しかないもの等もみられた」（岡庭武「病院精神医学」一九六四年九月二五日）

このような私宅監置の生々しい実態は、今では私たちの生活空間から消え去り、当時の関係者から語り伝えられることも、なくなりました。

沖縄島北部・やんばるに現存する私宅監置に使われた小屋

精神保健に携わる者なら、精神科医・呉秀三《くれしゅうぞう》という名前とともに、私宅監置という言葉を、教科書や講義で一度は学んだことがあるはずです。しかし、その実態はどういうものだったのか、イメージできたでしょうか？　一〇〇年前、私宅監置を調査した報告書において、「精神病者の救済・保護は実に人道問題にして、我が国目下の急務と謂わざるべからず」と提言した呉秀三《くれしゅうぞう》の告発（『精神病者私宅監置ノ実況及ビ其統計的観察』一九一八年）は、心に届いたでしょうか？

いつの頃からか、精神科病院の受付はホテルのフロントかと勘違いするほど、見た目は変わりました。しかし、その精神科病院という閉鎖空間に精神疾患の患者が隔離され、人権がないがしろにされる内実は、呉秀三の生きた時代とどれほど変わったでしょうか？

私たち家族会・公益社団法人沖縄県精神保健福

社会連合会（沖福連＝一九八八年設立、沖縄県内一五の地域家族会で構成され、精神保健の普及啓発、相談支援・福祉サービス事業、訪問介護事業、人材育成等に取り組む公益団体）は、沖縄北部やんばるに私宅監置に使われた小屋（原執筆原稿の富俊さん使用）が、今も残っていることを知り、現場を視察に行った時に、その場で保存しようと心に決めました。

戦前まで、私宅監置・座敷牢は「合法的に」「広範に」行われていたにもかかわらず、なぜ日本ではその痕跡さえ消し去られ、沖縄にだけ、今も「現物」が残ることになったのか？

戦後の米軍統治下の沖縄で、このような形で人間扱いをされてこなかった精神病者に対する処遇を、歴史的遺構とともに記録・保存し、闇に埋もれた事実を明らかにすることで、今の世に問いかけ、そして後世に語り伝えなければと私たちは思ったからです。

2　遺構保存に立ちはだかる壁

私たちは当初、私宅監置に使われた小屋が、日本でここにしか残っていない貴重な遺構であることを知りませんでした。国宝級の財産だということを、愛知県立大学教育福祉学部教授の橋本明さんから教わりました。

橋本さんはこの小屋の存在を、以前から文献上では知っていたそうですが、偶然にもその目撃者となった「奇跡」を、自身のブログ（近代日本精神医療史研究会の「沖縄私宅監置紀行」二〇一六年八月二一日）で、以下のように紹介しています。

《（近代日本精神医療史研究会が展開している）「私宅監置と日本の精神医療史」展で使っている一枚の写真がある。

二〇一三年に沖縄本島北部で撮影されたという私宅監置室の写真である。

もともと沖縄県精神保健福祉協会の五五周年記念誌に掲載されたもので、文献を渉猟しているうちにたまたま見つけた。

そのときの衝撃は忘れられない。

もちろん今は使われていない私宅監置室だが、その構造自体が残っているとしたら、そのこと自体が21世紀の日本の奇跡だと思った。（中略）

空港からマイクロバスで北へ、目的地に向かう。

ある公民館の駐車場に車を止めて、強い日差しの中を歩く。

パパイヤやバショウを横に見ながら、一本道を一〇分くらい進み、道が二手に分かれている地点で山側に向かうと、茂みのなかに、私宅監置室はあった。

これは、まさに「私宅監置と日本の精神医療史」展で紹介してきた、あの監置室ではないか！

私宅監置室を見た後に、何人かで役場に行った。

目的は「精神保健医療福祉の歴史遺構の保存に関する要望書」を、首長あてに提出するためである。

「歴史遺構」として私宅監置室を考えている。
この要望を行政が真摯に受け止めてくれればと思う。》

どのようにすれば、この監置小屋を保存することができるのか。二〇一六年八月、地元村長宛ての要望書と、私宅監置に関する記録や資料をかき集めて、担当課に提出しました。窓口の方に、意気込んで趣旨説明を尽くしました。

今になって振り返れば、藁にもすがる思いで駆け込んだために、地元での保存への手がかりを聞かせてもらう余裕がなかったと、反省がつのります。

要望書を提出して三か月が過ぎても、村役場から回答が来ないので、電話で問い合わせをしたところ、「所有者や地元区の意向を問い合わせている。歴史的価値・文化財保存の意義があるか検討中で、回答はもう少し待ってほしい」とのことでした。

しばらくして、保健所を退職した地元の保健師さんから、当該村役場で福祉課の経歴があり、定年退職後は村議会議員をしている方を紹介されて、連絡を取り合うようになりました。二〇一六年の年の瀬も迫ったころでした。

その議員さんは、「物心ついた頃には集落内で私宅監置の小屋が、数軒くらいあって、地域全体が隔離して当たり前という認識が、当時はあった」と話してくれました。

早速、年末年始の休暇を利用して、沖縄愛楽園の資料館（沖縄愛楽園交流会館にあるハンセン病歴史資料館、二〇一五年六月開館）に足を運んでくださいました。展示されている、ハンセン病の隔離の歴史を目の当たりにして、「歴史を残すことが大切だと思った。家族会の要望として、監置小屋保存について議会で取り上げたい」と力強く、話してくれました。同時に「村の姿勢を後押しするためにも、県への働きかけを家族会として取り組んでほしい」と、助言ももらいました。

こうして、村議会で私どもの保存要望書が議題として取り上げられましたが、村長は、この小屋のことを「あまり残したくない思いをしております」と答弁しており、保存に理解を示すどころか、取り壊しを示唆するような内容であったと、議員さんが急ぎ連絡をしてきてくれました。

同じ村の人びとの間でも、小屋を作ったのは私だと名乗り出て、思い出とともに、この小屋のできたいきさつを詳しく話してくれた方もいれば、小屋を見たことはあっても、それが監置場所だったとは想像もしなかったという方もいて、小屋の存在・意味が、地域（字）の歴史として継承されていないことが、浮かび上がってきました。

そして、遺構の存在が村の恥であるかのような意識が残っていることにも気づかされました。

3　地域社会の中で……

そこで、地元では、「ろうや」と呼ばれたこの小屋に関する村人の証言を聴くことや、監置が行われていた頃の行政・医療・保健の関係者へのインタビューや資料発掘など、小屋の保存という目的と並行して、保存の意義を社会的に問いかけるための活動にも取り組み始めました。

こうした証言や資料を基に、二〇一七年三月の年度末に、精神保健・医療・福祉関係団体や沖縄県当局に、保存について協力をいただきたいと要望書を出しました。

いずれも、貴重な遺構であり、教育や啓発に活用が出来ればよいが、しかし地元への配慮、所有者の意向がはっきりしなければ、動きようがない――この時はそういう反応でした。

ところで、地元の長老格の方々が、小屋の存在を「村の恥だ」と口にしているということは、保存活動にとっての壁でもあり、新しい対話の糸口でもあります。「羞恥はすでに革命である」と言われますが、「恥ずかしい」と思う気持ちは、不名誉である、面目ない、という意識からくるもので、監置小屋を想起すると、同時代の人々にはウチアタイ（この言葉ほど、標準的日本語に訳しにくいウチナーグチ〈沖縄語〉はない。みっともないことやましいことを恥ずかしく思う、思い当たる節があり耳が痛い、いたたまれない気持ちになって落ち着かない、そんなニュアンスですが、伝わるでしょうか？）するものがあるのでしょう。私宅監置という過ちは村（共同体）の不名誉であり、思い出したくもない、寝た子を起こすなという意識とともに、こうしたことを二度とくり返してはならないと捉え返した反省も、混在していると思います。

後述する二〇一八年四月に開催された写真展「闇から光へ」の会場で、目撃情報の提供を呼びかけて作成された「監置小屋マップ」に張られたシールの目印で分かるように、私宅監置は当該村だけの特殊なものではなく、公的制度として沖縄の隅々にまで実在していました。

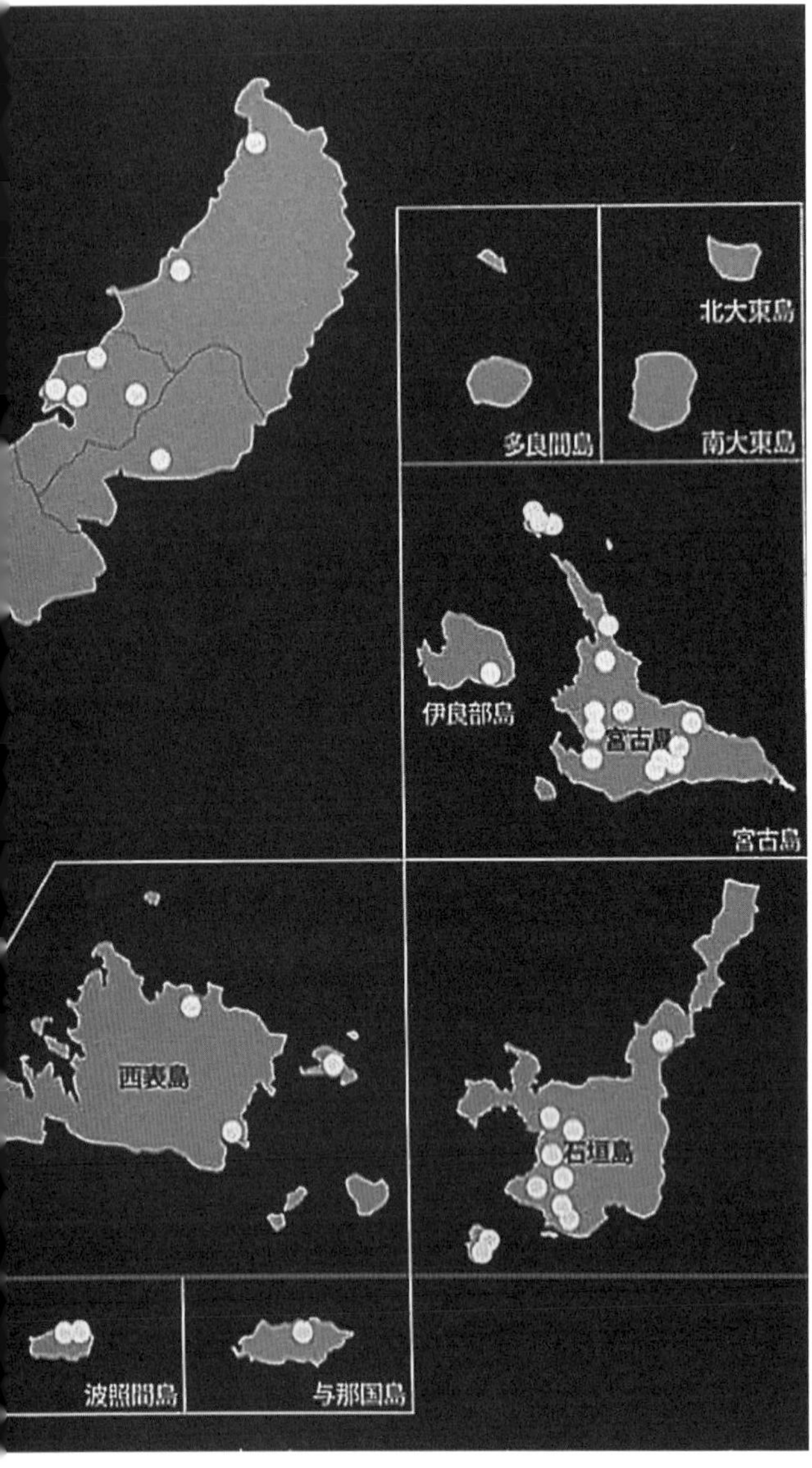

写真展「闇から光へ」（2018年4月那覇／2018年7月石垣）の会場に設置し、「監置小屋を見たことがあれば、その場所をポイントしてください」とお願いした。沖縄じゅうで私宅監置があったこと、それを多くの人びとが記憶していることが分かる。もちろん、来場者の目撃情報だけなので、実際に私宅監置されていた実数は、これをはるかに上回る。ポイントの無い島もあるが、来場者の中にその島の出身者がいなかったか、来場してもポイントしていただけなかったか、どちらかと思われる。

監置小屋マップ

・目撃情報を募っています。

(1)見たことのある場所に ● シールを貼ってください。

(2)情報提供用紙は受付にあります。ご記入お願いします。

(3)秘密は厳守されます。

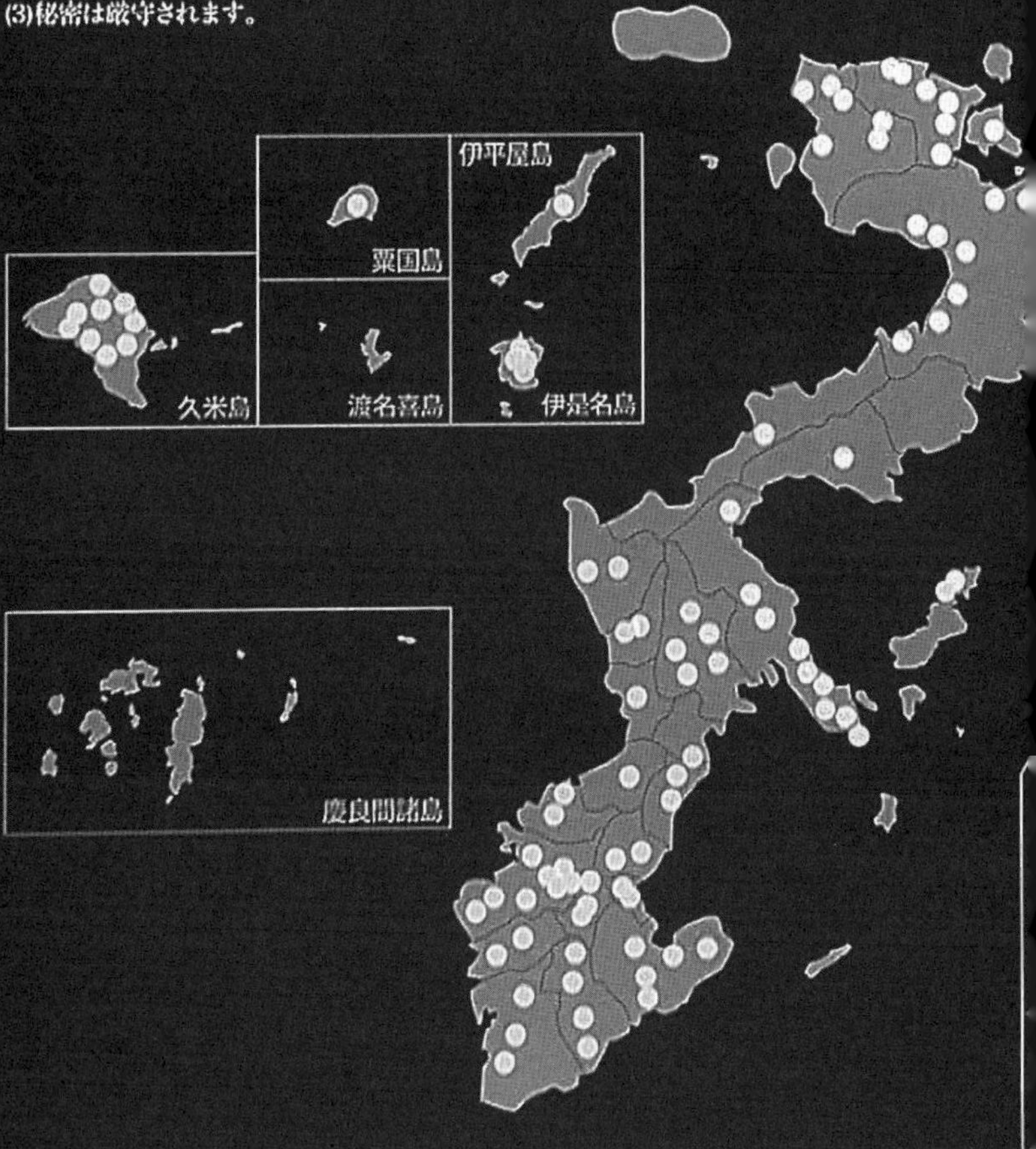

小屋を取り壊して、痕跡をなくすことで、関与した村人たちの自責の念、絡み合った互いの「わだかまり」や「ウチアタイ」が、解決・昇華できるものではありません。

過去の辛い体験や苦悩の果ての内面の不安の極において、自分の心身を守るもがきの行動が、周囲への攻撃・暴力行為という急性症状とされて、、地域社会から小屋に押し込めることを迫られた家族と、地域社会から隔離・排除し、監置・拘禁した制度と共同体の「共犯性」があったことは紛れもない事実です。しかし、その記憶を「地域の恥」として、村の歴史から葬り去ることは、相互扶助のゆいまーる共同体が、米軍統治下の社会変容によって歪められ、それを鋭敏に感じた人間的苦悩までも、否定することになります。

被害者は自由と尊厳を奪われた本人ばかりでなく、家族もまた、小屋に押し込めた罪責感を、生涯にわたって、重荷として抱え込むことになりました。

その地獄の暗闇から、一条の光を求めて生きた人間が、実際にこの小屋にいたこと、今もなお重荷を背負い続ける家族の存在を、記憶からも記録からも抹殺することは、尊厳の回復を希求した犠牲者を、ふたたび踏みにじることに他なりません。

4　精神科医療と暴力――家族への暴力はなぜ起きるのか？

家族会へのアンケートや精神病者本人への聞き取りをもとにして、『精神障がい者の家族への暴力というSOS』（蔭山正子著二〇一六年一〇月三〇日）という、家族・支援者のためのガイドブックを著した研究者がいます。

家族への暴力とは、急性期や引きこもり状態の時に現われやすく、孤立に追いやられた病者にとっての切羽詰まった自己防衛、自己表現であると分析しています。

精神科病院の保護室に力ずくで隔離、身体拘束することによって、暴力が消えることはありません。むしろ逆に、隔離拘束による恐怖と不安で症状は悪化し、ここから出してほしいと叫ぶ声は、どんどん大きく「攻撃的」になっていきます。

こういう状態で、治療の前提である信頼関係やお互いのコミュニケーションが成り立つはずがありません。長い時間の経過の中で、抱え込んできた不安や人間不信、孤立によって傷ついた心を癒すために、精神科医療は、この解決の糸口をどのように見つけようとしているのでしょうか？

精神科医療にマニュアルはありません。一人ひとりと失われた信頼を取り戻す、時間薬と人間薬が求められています。

今日、強制医療の類型である「医療保護入院」において、「家族等同意」制度もいまだに見直しがされないまま残っており、私宅監置と同じように、家族に責任を押し付ける「社会防衛」の機制は、今も社会意識の中に生き続けています。

5　私宅監置を社会問題として

こうしたことから私たちは、沖縄の私宅監置を現在の社会問題として提起をしようと考え、二〇一七年一二月に精神医療関係者と研究者に呼びかけて、小屋の現存する地元の証言を聴く小さな集まりを持ちました。この中で話された証言は、県民に広く伝えなければならないと参加者一同が強く感じたことから、私宅監置の写真展と、あわせて当時の証言を明らかにするシンポジウムを、市民会場で開催しようと方向性が定まりました。

この催しは、沖縄県、沖縄県市長会、沖縄県町村会が後援を引き受けてくださり、二〇一八年四月一七日から二二日に沖縄県立博物館・美術館　県民ギャラリーで写真展「闇から光へ」、シンポジウム「私宅監置の実態を知り、今後を考える」は同じ会場の講堂で二二日に開催することが出来ました。

写真展とシンポジウムは、沖縄県内各紙やテレビ局、ラジオ局でも取り上げられ、県民の間に大きな反響を呼び、二千名以上が来場する大盛況でした。

記入してくれたアンケート用紙は六〇〇枚にも及びます（別項で一部を紹介）。目撃情報の提供を呼びかけた「監置小屋マップ」にも、自分も目撃したというたくさんの新しい証言が寄せられ、目印のシールが増えていきました。

大きな反響を呼んだ写真展「闇から光へ」

七月には、石垣市民会館でも巡回写真展を持ちました。ここでは小学校の課外授業として、校長先生が生徒を引率して来てくれました。

沖縄県庁に出向いてこの催しの後援に対する感謝とともに、小屋保存のお願いに訪問したときには、砂川靖保健医療部長が、「小屋の現場がどういう状況なのかを確認したい」と対応してくださいました。

その後、保存活動の広がりの中で、県の担当者が現場確認に出かけましたから、村長をはじめ副村長、教育長など三役の方々にも、その意義が伝わっているように感じられます。

6　歴史検証と公的謝罪

私宅監置により当事者は尊厳を深く傷つけられ、孤独と絶望のなかで人間性を否定されました。地域社会の圧力から、小屋に押し込める監置を迫られた

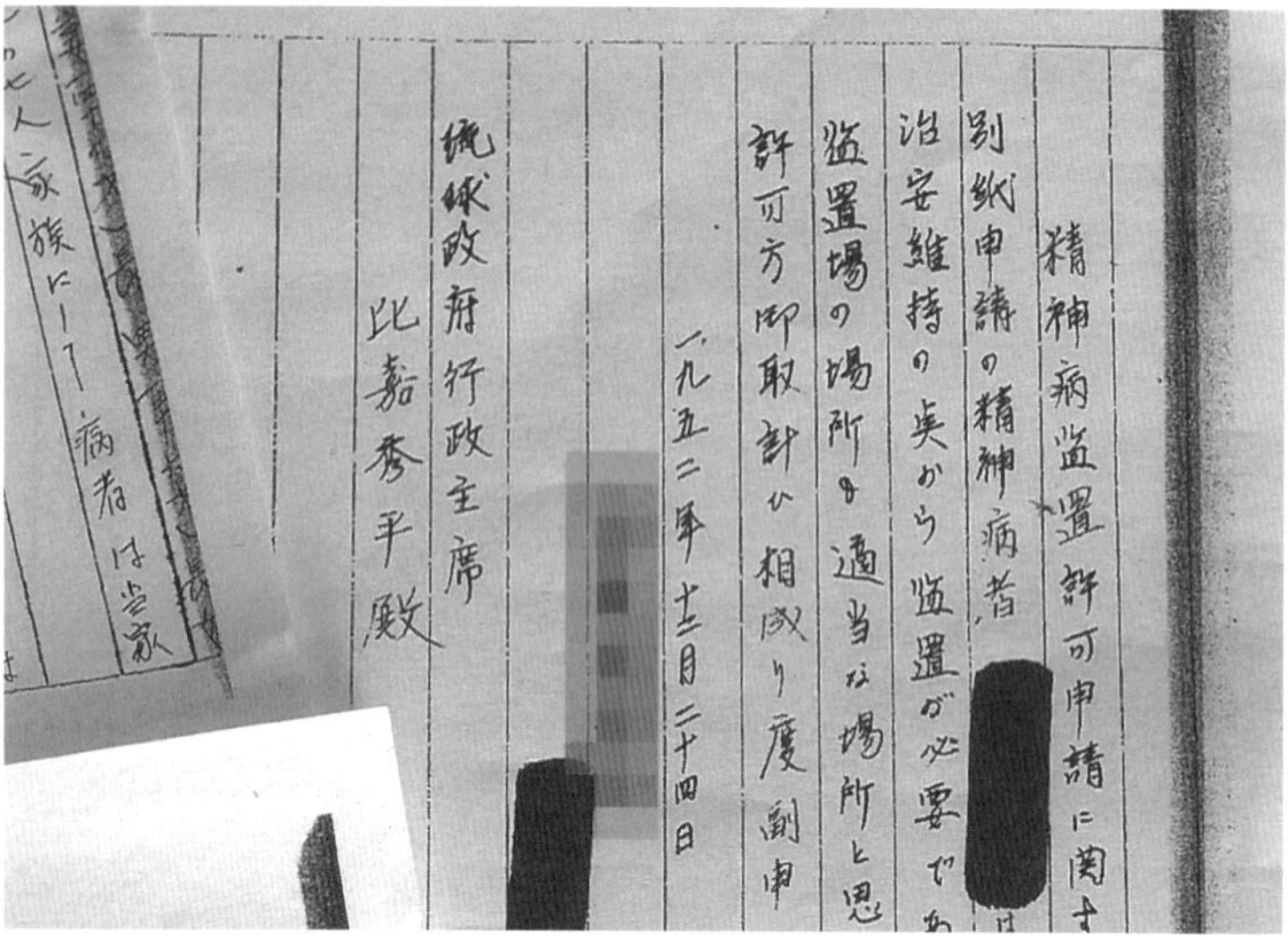

精神病監置許可申請に関す[redacted]
別紙申請の精神病者[redacted]
治安維持の点から監置が必要で[redacted]
監置場の場所も適当な場所と思
許可方御取計ひ相成り度副申
一九五二年十二月二十四日 [redacted]
琉球政府行政主席
比嘉秀平殿

富俊さんの私宅監置を名護保健所が琉球政府に申請した書類。1 週間後の 12 月 31 日に、行政主席の決裁で許可された（沖縄県公文書館所蔵）

家族もまた、被害者です。そうした埋もれたままの事実に光を当てるためにも、当時の米軍統治という状況の中で、琉球政府が公的措置として実施した私宅監置、その被害の実態と現在につなげる検証を、琉球政府の後を継いだ沖縄県の責任において、今こそ実施すべき時ではないでしょうか。

　そしてあの時代の闇で、家族丸ごと踏みにじられた尊厳の回復への取り組みは、今もって公的には何もなされていません。沖縄に、一九七二年の復帰の後までなぜ私宅監置が残り続けたのか？　その闇に埋もれた歴史の証言が、語り出されるようになるためには、こうした「公的謝罪」によって、踏みにじられた精神病者の人間復権と、時代制約の中で加害の側に立たされた家族と地域共同体に対する赦《ゆる》しが、不可欠です。

ハンセン病に対する誤った隔離政策に対しては、司法の判決を受けて、国は公的な謝罪を行いました。それがきっかけとなり、闇に埋もれていた証言が堰を切ったように語られ始め、歴史検証が社会的反省とともに広がりを見せています。そしてドイツ精神医学会のように、ナチス政権下の精神病者抹殺等に関与したことについて公式に謝罪している先例もあります（ドイツ精神医学精神療法神経学会〈DGPPN〉二〇一〇年総会における謝罪表明）。

しかし「この邦」では、精神病者に対する私宅監置という隔離の過ちについては、呉秀三教授の告発から一〇〇年経った今も、いまだに公的な謝罪がなされたことはありません。

その上、私たちが保存しようとしている小屋は、一九五二年一二月、琉球政府主席の監置許可により設置されたことが、沖縄公文書館の記録に残されています。もし、一九五二年四月二八日のサンフランシスコ講和条約によって、沖縄が日本から切り捨てられ米軍統治下に置かれることがなければ、日本本土と同じように、一九五〇年に制定された精神衛生法により、この監置小屋は造られることすらなかったはずです。戦後沖縄が歩んだ苦難の歴史の、その最も深いところで起きた歴史的事実です。責任の所在を明らかにする歴史検証と、公的謝罪が問われる所以《ゆえん》です。

沖縄戦の地獄から七三年、復帰から数えても四六年が経過します。こうした歴史の証言を聞くことができる時間は、待ってていてはくれません。

7 沖縄における地域医療、久米島巡回診療の挑戦

公的援助も医療保険制度もない中で、家族はやむなく私宅監置を迫られていましたが、家族会が呼びかけの中心になって、ようやく一九六一年に南風原町に沖縄精和病院が開設されました。監置小屋から助け出され、治療につながって元気を取り戻した、次のような記録が残っています。

「一坪四方のコンクリート小屋を作り、満七年間、その中に監置……、在沖アメリカ人の慈善団体によって発見された時には、骨と皮ばかりにやせはてて、言葉も忘れかけ、動物のような発声を発していました。直ちにこの慈善団体の人たちによって、当院に入院させられ、二カ年余の治療期間で日増しに見違えるように元気になり、作業にも参加するようになりました」（平良千代子「精神衛生」第三五号一九六四年一一月三〇日）

それでも依然として、精神科病院は少なく、一九七一年から那覇保健所において週一回の所内クリニックと家庭訪問や、久米島における巡回診療の取り組みが始まりました。

「沖縄精神医療」三号（一九七八年一月）に掲載された「久米島での一つの試み」から、この取り組みを見てみましょう。

＝ ここに報告するのは、私たちが昭和四六年以来、久米島で行ってきた精神医療の一つの試み

である。

これは同じ時期那覇保健所で始められた精神衛生活動の一環として行われたもので、従来の病院中心の医療への反省から、地域での持続した精神衛生活動のあり方を求めて続けられた。

（中略）

沖縄全体がそうであったように、病床が少なく、医療費が高く、また離島ということもあって、私たちが始める頃、まだ多くの患者が島で医療を受けることなく放置されていた。

私たちが診療を……どのように行うか、……目標を次の諸点においた。

①単なる調査や、一時的無料巡回診療でなく、定期的に継続して行い、地域での持続した精神衛生のあり方を探し求めること。

②駐在保健婦を中心とした日常活動を進めるのに役立つこと。

③当面の目標を、医療を必要としながら放置されているケースを医療にのせることにおく。

④地域活動を独立して行うのでなく、病院などと連繋し、協力して連続した医療ができるようにすること。

⑤医療スタッフだけでなく、家族、役場などとの協力をすすめてケースの生活の援助をはかること。

このようにして昭和四六年八月一六日より五日間、第一回の久米島巡回診療が行われた。

この時の診察の状況は、受診者実数四〇名。その内訳をみると、現在治療を受けていない者二六名(私宅監置五名、全く受診歴なし八名)、治療中の者一四名(通院・投薬一三名、入院中一名)。「今後の継続的対策なくしては解決できないケースが大部分である」と記録されており、改めて継続した治療の「必要性が痛感され」、三〜四か月に一度の巡回診療が行われるようになりました。そして継続していく中でいくつかの問題にぶつかり、「反省を強いられた」と記述が続きます。

私たちの活動によって多数のものが医療にのったことになる。確かに或種の例では投薬などによってこの間劇的な改善がみられたが、多くの場合ただ「医療にのせる」だけでは殆んど問題の解決にならないことを知らされたのである。

たとえば「入院」である。私宅監置に代表される家庭内、島内での悲惨な状況に長くおかれているケースをみると、私たちはとりあえず精神病院に入院させることに多くの努力をはらった。確かに病床数が少ない当時ではこのこと自体が大変な仕事であったが、この結果がどうなったかを追跡調査してみると、その大部分が長期入院となっており、(中略)入院させる精神病院がどのような状態なのかも知らずに、家族や地元住民の要請にそのまま応じてしまったことが多い。

いってみれば、地域内監置から病院内監置へうつしかえ、厄介なケースが島からいなくなってホッとするような傾向に知らず知らずに陥っていたのではないかという反省である。

また「投薬」といっても発作や不眠、不安などに一時的効果はあるが、多くの場合これだけでは殆ど解決せず、むしろ家庭内での葛藤、家族の対応、仕事の問題、近所の人づき合いなど日常生活上の困難に対しての相談、援助がむしろ一番大切で、この点でのケース自身の要求を知ることなく、服薬の指導、通院の必要性など説いても、彼らの悩みの解決にはならない。

こうした反省などを含めて、この報告書の「まとめ」では、巡回診療を始めた時に掲げた五つの目標を、「一つひとつ根本から考え直さざるを得なかったのである」と六年間の巡回診療を総括しています。

つまり、「離島で放置されている患者に医療の恩恵を与える」とした当初の目標が既に大きな問題を孕《はら》んでいたこと。医療における「地域」とは、治療的コミュニティとして考えられるべきであり、「持続した精神衛生活動」のためには、精神病院が地域における治療機関として改革されることが問われること。そして「地域活動」を、久米島という限られた地域で完結された活動として想定していたことの反省、等々を指摘しています。

果して私たちは何ができるのか何をしなければならないのか？

答えは新しいものではない。

この六年間の中で行ってきたこと、厳しい現実の中でつきあってきた一人一人のケースと今後も根気よくともに歩みながら、彼らの心と悩みを少しでも共感しようと努め、彼の自立を遮るものを一つひとつとり除くことを共に行う以外にはありえない。

そしてこのような共感し合う仲間をふやし輪をひろげること以外に道は拓けない。この六年間の活動の中から生れてきた患者家族会はこうした輪を広げる一つの核となるだろう。（中略）

たしかに私たちの力は微々たるものである。しかし考えれば、何十年もの間泥濘の人生を歩んできた一人の人間に、僅かな期間、極めて限られた局面で関わったに過ぎない私たちの活動が、何かすぐ大きな結果を生むと期待すること自体が思い上がった考えではないか。

この微々たる関わりで、二〇年もの間一部屋から出ず、話さなかったものが、たとえ一時でも家族とともに食事をするようになったことは驚くべきことであり、彼らとともに心から喜ぼうではないか。

私たちの訪問を心待ちしている何人かの人々がいるようになったということだけでも、大きな意味があったのではないだろうか。

このような取り組みの中から、沖縄で初めての精神障害者家族会（あけぼの会）が、久米島で誕生しました。そして保健所や市町村が共催する「心の輪を広げる集い」として、沖縄全域に久米島の地域精神保健活動が広がりました（沖縄県南部保健所『心の輪を広げる集い』二〇〇〇年一一月）。

こうして、久米島の巡回診療と駐在保健婦の粘り強い関わりは、地域精神保健活動の市町村における取り組みの全国的モデルとなりました。

そしてここに関わったさまざまな人たちの心に根をおろし、地域精神保健活動は新たな世代に受け継がれていきました。

他方で沖縄においても、一九七二年の「本土復帰」による復帰特別措置など、保健・医療制度も大きな本土化の波を受け、精神科病院が次々と建設されて行きました。WHOなどの勧告を受けて、「病院から地域へ」と日本の精神医療は改革を迫られてはいますが、在院日数や入院ベッド数の指標を国際的に比較してみれば、日本の精神医療が病院偏重であることは、一目瞭然です。

脱施設化、地域医療、任意・自発的受診によって精神的混乱からのリカバリー（回復）を支援する国際的な精神科医療の流れに比べて、日本は精神障害者に対する治安管理・監視を強め、患者の個性や自律性を奪い、社会的入院の出口が見えません。それどころか、日本精神科病院協会会長が、「精神科医にも拳銃を持たせてくれ」という極論まで会報誌に紹介するような、日本における精神科医療の危機。沖縄もまた大きな流れとしては、こうした日本全体の動きの中で、身動きが取れずにいます。

最近、地域社会から家族丸ごとの排除の結果、痛ましい事件が相次ぎました。二〇一七年一二月の大阪府寝屋川市、二〇一八年三月の兵庫県三田市での監禁（致死）事件などは、氷山の一角です。精神病者の排除を求める心情は、「障害者は不幸を作ることしかできません」と、一九人が死亡し、二七人が負傷した事件を起こした相模原市やまゆり園事件の植松容疑者の行為と、紙一重の違いでしかありません。

医療・福祉のあり方は、患者本人の意思尊重を基本になされているか？

現代の精神科医療は、形を変えた「私宅監置」ではないのか？

「自由こそ治療」「メンタルヘルスはコミュニケーションから」（沖福連『イタリアの地域精神保健に学ぶ』二〇一一年九月三〇日）

現存する監置小屋の前にたたずむと、こうした問いが自然に脳細胞を刺激します。やはり場のもつ力は、その空間に身を置かなければ、感じられるものではありません。

8 精神保健の過去・現在・未来

21世紀の始まりとともに、「社会的入院をなくそう」「病院から地域へ」というかけ声のもと、大阪で始まったモデル事業は、国（厚生労働省）の退院促進事業として、全国で一斉に取り組まれていきました。

沖縄でも県の精神保健福祉センターが担当職員を置いて、保健所や市町村との連携のもと、病院ディケアや地域連携室を訪問し、主治医やコメディカル（医療従事者）をまじえて、患者本人とのミーティングや茶話会、退院にむけた連絡調整や、退院後の生活を支援する地域の人たちとの顔合わせなどを重ねていきました。

三〇年以上もの精神科病院での長期入院により、退院して生活ができるとは、本人も含めて誰もが想像すらできなかった方がいました。一人で寝るのがさびしいと、グループホームの二人部屋で暮らし始めました。薄皮を剥ぐような微かな変化の時間の積み重ねにより、買い物、ゴミの片づけ、洗濯、料理と次々にこなし、独立した一人部屋を希望され、引っ越しました。そしてついには、親しくなったパートナーと共にグループホームを出て、民家を借りて自立していったケースもありました。

地域において、精神科訪問看護やヘルパーステーション事業が始まったり、ピア・サポート（同じ症状や悩みをもち、同じような立場にある仲間）のメンバーが入院患者に働きかけ、病院スタッフの間に地域の風を届けることが出来たことなど、少なからぬ成果を残しはしました。

しかし一〇年余り続いたこの事業にもかかわらず、精神科病院の医療改革とリンクしていなかったために、入院者数が減ることはありませんでした。

その一方で「自由こそ治療」を合言葉に、精神病院をなくしたイタリアでは、イタリア精神保健法（バザーリア法）が出来て四〇年を迎えました。精神障害者が地域でその人らしく暮らすための社会環境は、以前と比べると格段に進歩しました。入院していた人が地域に戻ってきたことに伴い、精神の病とはどういうものか、啓発活動が積み重ねられました。精神病の急性期症状、発作状態に対する市民の捉え方が変わり、例えば大声を出すとか、騒ぐ、そういったことがなぜ起こるのか、少しずつ理解されるようになり、心の準備ができてきました。家族も隣近所も分かってきて、三〇年以上かけて共感共生の文化に変わってきたようです。

「私宅監置　闇から光へ」シンポジウム（二〇一八年四月二二日、沖縄県立博物館・美術館講堂で開催）で、「精神科病院経営は人間牧畜業だ！」と、一人のパネリストが会場の参加者全員に向かって問いかけをしました。これが患者を人間扱いしない精神科病院に対する、入院体験者の本音の告発です。

精神病者に対する理解度は、その社会の文化度のバロメーターです。繊細で大胆、自由で豊かな文化を大切にする社会を、いっしょに築きあげていきましょう。

病と生活のしづらさの両方を抱える精神障害者が、地域で自分らしく暮らすためには、どういう社会資源と仕組みが必要なのか？　先進事例は、イタリアやイギリスなどたくさんの国々の実践がありますが、沖縄の私たちの足元にも、一九七〇年代の久米島で始まった地域精神保健活動の経験があります。

困っている現場に速やかに介入する援助、継続的な多職種チームによる支援、障害者本人と家族丸ごとの支援、小さいころからの異変に気づいて支援する早期介入など、地域において医療と福祉を受けられる地域ネットワーク。伸びやかで豊かな個性が輝く地域の文化、スポーツ、イベントなどの協同作業による相互扶助の地域のボトムアップ、新しいゆいまーる（地域のつながり＝ネットワーク）構築が課題になっていくと思います。

私宅監置の小屋を現地で保存することは、地域で暮らす人々にとって、精神保健医療の過去を知り、現在を問い、未来を照らし出すものとなるはずです。

【写真展「闇から光へ」入場者アンケートより】

・私が小学一、二年頃まで近隣にも実際にありました。今思い出しました。
・近所のおばさんに「あそこには、絶対行くな!!」と叱られていたそうです。
・家の一部に閉じ込められていて、いわゆる「神ぶり」と言われていました。
・新聞記事の小屋の近くに住んでいます。非常に悲しい話だし、未だ偏見や壁がありますね。
・私も出身地の北部で幼少のころ、友達の兄さんが私宅監置に入れられ、あばれているのを実際にみました。私の友達は結婚もできないと言われ周囲の方からみられていました。
・私が、小学生のころ、首里久場川に墓地があり、清明祭に行く道中に私宅監置小屋がありました。現在六七歳、その実情を知り、すごくショックです。
・私は発達障害者なんですが、家族にも誰にも言わないで通院中なので、他人事じゃない感じがしました。
・本当に監置された人にしか、その気持ちはわからないだろうと思います。胸が押しつぶされそうな悲しみというか複雑でいろいろな気持ちがわき出ました。幼少時、道を足かせのような鉄製のチェーンをつけて歩いていたおばあさんのような女性を見たことにショックを受けた事を思い出しました。（復帰直後）
・私宅監置をしなければならなかった家族の思いを知ると胸が痛みました。
・当事者も家族も被害者なのかも知れません。
・事実に圧倒されました。小さなコミュニティ（島社会）におけるマイノリティ（今回は精神病患者）のあり方について大変重要な知見となると思います。

・こんなひどく悲しい歴史があったのだと知り、胸がしめつけられたが、このことを無かったことにするのではなく、しっかりと残していくことが大切だと感じた。
・学校で私宅監置についての講義を受けたことはあったが、ここまで恐ろしいとは思わなかった。……歴史を学ぶということはとても大切なことだと実感した。
・展示された私宅監置の歴史、証言、写真を……教育現場で伝えてもらいたい。
・「歴史は記録されることで、記憶に残り続ける」ということを実感しました。
・親世代の入院により、自宅に軟禁状態の未治療患者の存在を発見します。役場に報告しても、その後がわかりません。何十年も本人、家族なりの平穏に水を差すなという雰囲気があり、本人にとっての幸せって何だろうと日々悩んでいます。次の世代へ、この邦に生まれた不幸と言わせたくありません。
・最近のニュースでまた、私宅監置の事実が報道され、戦慄を覚えました。他にも隠されているのでは、と思うと恐ろしくなります。
・沖縄だけが本土復帰まで私宅監置が続いていたことを正直よく知りませんでした。以前、本島の精神科病院で働いていた時、復帰特別措置で医療費が無料で、何十年も入院している方々がいて、もしかしたらその方たちも私宅監置を経験していた方かもしれませんね。今は私宅監置はないといっても、やはり支援の仕方や地域での理解がないと、閉じ込めたり、拘束せざるを得ない家族もいるでしょう。
・人権の問題、医療の課題など様々な点からスポットをあてられる歴史と思うが、県外からきた自分にとっては、沖縄がヤマトとアメリカにふり回されてきたことの影響に注目してしまう。
・「人間牧畜業」病院に勤める者として忘れてはならない言葉だ。

写真展「闇から光へ」入場者アンケートより

・精神科に勤めているナースとして、とても「うちあたい」する内容でした。

・誰かを排除する社会はとてもおそろしいと感じました。

・あのロウヤに何年も何十年も、周りから忘れられて取り残された人たちの無念はいかばかりか。今も保護室、強制拘束、医療保護、措置入院は続く。正しい知識と理解の上に自分と変わらない人間であるという共感が必要。

・息子の統合失調症になって長いですけど、自分の人生においてもこれから先、息子の病気をできる限りうけとめて、無理せずに過ごしていきたいと、あらためて考えるきっかけになりました。

・私の家族にも精神障害があるものがいて、当時のような時代であれば、同じようになっていたと思います。家族では理解できない行動もあり……、家で見る限界もありますので病院や施設を充実してもらいたいと思います。

・亡くなられた方を拝む碑などあったら教えて欲しい。未浄化な魂がそのまま沖縄の地にたたずむのも悲しいです。魂・霊はいまだに鎮まっていないと思います。

◆――あとがき

本書『消された精神障害者』を世に問う

公益社団法人沖縄県精神保健福祉会連合会・会長　山田　圭吾

このところ、「出会い」という言葉が気になっている。昨今のインターネット社会においては、「出て」行かなくとも他者と繋がることができるという人もいる。しかし、生身の人間が分かり合うためには、「出て、会う」という行動が必要ではないかと思わされる日々が続いている。沖縄には「イチャリバ、チョーデー（出会えば兄弟）」と言う言葉があり、一度関われば皆兄弟姉妹であるというほど相手を大切にするということだろうと解釈し、日頃出会う人とそのような関わりを持ちたいものと願っている。

さて、二〇一八年、公益社団法人沖縄県精神保健福祉会連合会（沖福連）は創立三〇周年を迎えた。三〇年と言えばかなりの年月であるが、当事者家族会としてさまざまな活動をしてきた割には、その存在がほとんど知られていないことに愕然とさせられたのだった。

そのようなおり、呉秀三氏による「この病を受けたるの不幸の他に、この邦に生まれたるの不幸」

との言葉が発表されて一〇〇年目ということや、日本の中で一か所だけと言われる沖縄に現存する「私宅監置」小屋の保存について取り組むことになり、「出て、会う」ことによって、もっと沖福連の存在を知らせる機会にしようと思っている次第である。

私自身、その存在を知る機会がなかった家族会との出会いは、地域の作業所の手伝いを頼まれたのがきっかけである。専門的な知識もないまま支援者として関わるうちに、そこを運営する家族会にも出入りするようになり、そこから沖縄県全体の家族会の集合体である沖福連に派遣されるようになって理事になり、とうとう二〇一七年より会長を引き受けることになった。小さな「出会い」から思いがけない流れの中で、それぞれの節目に遭遇するという体験は、大きな恵みとして感謝の連続でもある。

「私宅監置」に関して、沖福連の三〇周年記念行事の一環として取り組み、四月には沖縄県立博物館・美術館（那覇市）で、七月には石垣市民会館で「写真展」や「シンポジウム」を開催した。参観者の中には沖福連の存在を知らなかった人も多かったのだが、「これを機会に応援します」との声もあって励まされた。

取り組みを新聞やテレビでも取り上げていただいたことの効果から、わざわざ県内離島、さらには他府県からも参観者があったことは、「こんな暗い、辛い、悲しい話なのに、どれだけの人が来てくれるか」と、不安がっていた関係者を感激させた。

会場に設置された「監置小屋のレプリカ」は見る人に衝撃を与え、「あの時代なら自分も閉じ込められていたかも」とか、「今、障害者を抱えているが、自分たちも閉じ込める側になっていたのか」との声を聴いたときには、閉じ込められていた本人たちへの思いが増幅され、「二度とこのような体験をさせる時代になってはいけない」との思いを強くしたのだった。

また、小屋のレプリカを見ていた当事者や家族会の方は、その「監置」の迫真の事実を突きつけられ、あまりの悲惨さを思い起こされたようだった。その状況に追い込んだ加害者のはずの私たちの無関心や無慈悲さに、「チムグリサン」の言葉では足りない痛悔の念も湧いてきて、「申し訳ない」との思いも強くさせられた。

二〇一八年七月にはその現存する「小屋」に監置されていた富俊さんの一年忌を迎え、現地で追悼集会をしようとの提案があった。地域への配慮からあまり大げさにはできないだろうと、当日は現在通院中の当事者や家族会、支援者等で十数人が「小屋」の前に集まった。

当時の様子が紹介され、富俊さんの母親がクリスチャンだったとの情報があり、彼も讃美歌を聞いていたのではないかとの提案で、参加者の中にいた数人のクリスチャンの方を中心に讃美歌を歌い、追悼の祈りを捧げることができた。

私自身にとっても、この集会に参加する機会が与えられたことは大きな恵みであり、ほんの少しではあるが、償いの気持ちが伝わっていてくれればとも願っている。

現在、沖縄県や現存地区の関係者に、保存に向けての取り組みを要請しているが、何度訪れても現場で現物を見ることは迫力があり、何とか現地で保存したい思いを強くしているところである。

「この病を受けたるの不幸」と言われた「精神病者」に対する、家族や地域社会の関わり方の一つとしての「私宅監置」は、本人の思いや生き方が無視された虐待と言うべきものであり、その「監置小屋」の中や病院等で亡くなっても、ごく限られた家族以外にはほとんど知らされず、ひっそりと葬られてしまったとなれば、彼らの生きる自由や権利を奪ってしまった私たちの責任に気が付かなければならないだろう。

「国策だったから」と「責任転嫁」しようにも、その国の一員である私たちにも大きな責任がある。とは言え、まずは「私宅監置してしまった」ことで自分を責めている家族に対して、きちんとした行政からの謝罪が必要だろう。

住民を巻き込んだ戦争と、その後の悲惨な経験のある沖縄と言う地において、「わざわざ新たな障害者を生んでしまう」戦争につながることにも抗わなければならない。二度とこのようなことが行われないように、もっと自由に、ともに喜びをもって生きることができる、そして一人ひとりの人権が尊重される環境を作る努力をしていきたいものだ。

そのためにも「監置され、消し去られ、忘れられた」彼らの生きた証しを共有し、「夜明け前」の状態の「闇」から「光へ」繋げたいと思う。私自身も自らの「小屋」を出て、誰かと会うことによって多くの喜びを分かち合うことができればと願っている。

本書を出版するにあたり、ご協力いただいた皆さまに感謝いたします。

◆――あとがき

原　義和（はら・よしかず）

フリーＴＶディレクター。1969 年愛知県名古屋市で生まれる。2005 年から沖縄を生活拠点にする。ドキュメンタリー番組の企画、撮影、演出を手がける。主な作品に「戦場のうた〜元“慰安婦”の胸痛む現実と歴史」（2013 年琉球放送・2014 年日本民間放送連盟賞テレビ報道番組最優秀賞）「インドネシアの戦時性暴力」（2015 年７月ＴＢＳ報道特集・第 53 回ギャラクシー賞奨励賞）「Born Again 〜画家正子・Ｒ・サマーズの人生」（2016 年琉球放送・第 54 回ギャラクシー賞優秀賞）「消された精神障害者」（2018 年ＮＨＫハートネットＴＶ・貧困ジャーナリズム賞 2018）など。

高橋年男（たかはし・としお）

公益社団法人沖縄県精神保健福祉会連合会・事務局長（会長・山田圭吾）。

沖縄県精神保健福祉会連合会は、1988 年に沖縄県精神障害者家族会連合会として発足。公益的活動を幅広く行うため 1994 年に社団法人、2013 年からは公益社団法人となり現在に至る。沖縄県内の 15 地域家族会で構成され、全国精神保健福祉会連合会に参加する。

精神障害者に対する差別をなくし、地域で安心した生活が送れるよう、精神保健福祉に関する啓発活動、人材育成、福祉サービス事業や、誰もが支え合って暮らせる社会の実現を目的として、文化・芸術分野のイベント、スポーツ大会や障害者雇用キャンペーンなど社会参加の推進に取り組んでいる。

連絡先：〒 901-1104　島尻郡南風原町宮平 206-1　電話 098-889-4011

消された精神障害者

●二〇一九年一月一日――第一刷発行
●二〇二〇年四月一日――第二刷発行

編著者／**原　義和＋高橋　年男**

発行所／株式会社　**高文研**
東京都千代田区神田猿楽町二―一―八
三恵ビル（〒一〇一＝〇〇六四）
電話　03＝3295＝3415
振替　00160＝6＝18956
http://www.koubunken.co.jp

印刷・製本／精文堂印刷株式会社

★万一、乱丁・落丁があったときは、送料当方負担でお取り替えいたします。

ISBN978-4-87498-667-7　C0036